LABORATORIA
ESPACIOS DE INVESTIGACIÓN FEMINISTA

t.me/laboratoriaInvestigacion   La Laboratoria   lalaboratoria   lalaboratoria   lalaboratoria

LA LABORATORIA ASPIRA A SER UN PEDACITO DE TIERRA FÉRTIL PARA FESTEJAR Y DEFENDER LA VIDA DESDE LA PALABRA Y LA ACCIÓN.

UNA PARCELA/CHINAMPA/COMPOSTA DONDE PONER EN DIÁLOGO LO QUE HEMOS COSECHADO DESDE LOS TIEMPOS DE NUESTRAS ABUELAS, CON LAS SEMILLAS DE LAS MÁS CHAVALAS, LAS PIBAS QUE COPAN LA CALLE CON POESÍA, REGUETÓN, GRAFFITIS Y ACCIÓN. DONDE NARRAR LAS LUCHAS Y HACERLAS TATUAJE Y SUSTENTO COMÚN.

laboratoria.red

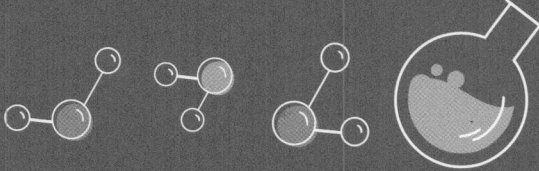

FfAI

LABORATORIA
ESPACIOS DE INVESTIGACIÓN FEMINISTA

traficantes
de sueños

Financiado por
la Unión Europea
NextGenerationEU

Plan de Recuperación,
Transformación y Resiliencia

GOBIERNO
DE ESPAÑA

MINISTERIO
DE CULTURA
Y DEPORTE

MUSEO NACIONAL
CENTRO DE ARTE
REINA SOFIA

EN LA TELA DE ARAÑA

LAS VIOLENCIAS CONTRA LA INFANCIA Y LA LUCHA DE LAS MADRES PROTECTORAS

BERTA SEPUR, JUSTA TERUEL,
PAMELA PALENCIANO, IVÁN LARREYNAGA,
DÉBORA ÁVILA, MARTA MALO,
ANTONIO ESCUDERO, MARTA PÉREZ,
ADELA FRANZE, MARÍA CARMEN PEÑARANDA,
MARTA CABEZAS, MARISA KOHAN

ÍNDICE

PREFACIO

I

Este libro que tienes entre tus manos es la historia y el presente de una lucha que comienza el día en que tu vida estalla en mil pedazos. La de tus criaturas ya lo había hecho antes, pero la tuya implosiona en el momento en que tomas conciencia. El día en que tus hijas (hijos, hijes) te revelan que su padre las toca ahí debajo o los médicos te explican el origen de esa vaginitis permanente: las señales previas que no habías podido interpretar se conectan y ya no hay marcha atrás.

Nuestras madres callaron, las madres de nuestras madres también lo hicieron. Nosotras no. Al principio es casi un automatismo. Ahora que hemos aprendido a decir no a la violencia sobre nuestros cuerpos, ¿cómo íbamos a consentirla sobre nuestras niñas? Consultamos con profesionales, nos documentamos, investigamos y, cuando constatamos que lo que nos cuentan nuestras criaturas tiene altas cotas de verosimilitud, denunciamos. Y nos adentramos en un infierno aún mayor. Pronto comprendemos que no nos enfrentamos solo al agresor de nuestras hijas (hijes, hijos). Su padre no es solo su padre. Es el Padre, la encarnación del *pater familias*, esa figura sostén de todo un orden social que el sistema judicial protege a toda costa. Parece que el mandato social y de género de protección de les hijes acaba donde hace aparición el *pater familias*, pero lo cierto es que nuestra convicción del deber de protección no responde exclusivamente a un mandato externo y no se agota tampoco en límites impuestos. Así, cuando la violencia institucional se descarga sobre nosotras, tenemos que elegir. Y elegimos seguir adelante. Elegimos no callar. Nos convertimos en *madres protectoras*.

El miedo y el dolor que enfrentamos son tan grandes que comprendemos a quienes tienen que parar y volver al silencio. Nosotras hemos optado por llegar hasta el final. Hasta que nuestros niños regresen a casa y puedan estar a salvo de sus agresores. Hasta que se reconozca toda la **verdad,** logremos **justicia** y se **repare** todo el dolor causado.

Las primeras veces que nos cruzamos con las madres protectoras no pudimos contener las lágrimas al escuchar sus historias, debatiéndonos entre la perplejidad y el horror. Imposible no sentirse atravesadas. Al principio eran lágrimas contenidas. Cuando los vínculos se estrecharon, las lágrimas brotaban ya sin pudor para acompañarnos y arroparnos allí donde las palabras no llegaban. También brotaba el humor, esa salida irónica que alivia la tensión, que nos permite imaginar otros futuros.

Conforme íbamos leyendo los informes médicos, las evaluaciones psicosociales, las sentencias, necesitábamos escribirnos a cada rato, llamarnos, aunque fuera de madrugada, compartir la incredulidad con quienes teníamos cerca, porque guardarlo para nosotras solas se nos hacía insostenible: ¿cómo es posible que no estén escuchando lo que dice este niño? ¿Cómo se puede cuestionar un informe médico tan contundente? ¿Cómo puede un profesional de lo social verter tales juicios sobre una madre que denuncia en nombre de sus criaturas? ¿Por qué no saben ver el miedo en el cuerpo de esa niña? ¿Cómo es posible que, de repente, la que tiene que probar su inocencia sea la madre y no el padre denunciado? ¿Cómo se puede dar la vuelta a un juicio de tal manera?

Aquí, entre el dolor, la rabia y la perplejidad, pero también desde la determinación, la admiración y el abrazo feminista, arrancamos juntas este libro.

II

Las páginas que siguen las escribimos madres protectoras en alianza con otras personas tocadas por esta lucha.[1] Aspiramos a poner palabras al inmenso tabú del incesto y de la violencia sexual paterna. El silenciamiento que rodea a este tabú es tal que ni siquiera existen datos oficiales. El Consejo de Europa calcula que la violencia sexual afecta a uno de cada cinco niños antes de cumplir los dieciocho años.[2] El cuadro se completa cuando cruzamos esta estadística con la que arroja la macroencuesta de violencia contra la mujer realizada en 2019 en el Estado español: en un 40 % de los casos de violencia sexual sufrida antes de los quince años, el agresor pertenece al entorno familiar: es el padre, la pareja masculina de la madre, el hermano u otro varón de la familia.[3]

---

1   Este cuaderno no sería posible sin los saberes y la generosidad de muchas personas que han ido colaborando en diferentes momentos del camino. Queremos mencionar especialmente a Mateo Álvaro, Isabel Cadenas, Lidia Larrarte, Miren Ortubay, Patricia Reguero, Ana Varela, Justa Montero y Marta Nebot. Hay otros nombres que no podemos dar debido a los procesos de criminalización que sufren las madres protectoras y quienes las apoyan, pero ellas saben quiénes son y desde aquí les queremos mostrar también nuestro agradecimiento.

2   Consejo de Europa: campaña One in Five («uno/a de cada cinco»), disponible en https://www.congress-1in5. eu/ (consultado por última vez en diciembre de 2023). Véase también Comisión Europea, Comunicación de la Comisión al Parlamento Europeo, al Consejo, al Comité Económico y Social Europeo y al Comité de las Regiones (2020): «Estrategia de la UE para una lucha más eficaz contra el abuso sexual de menores», disponible en https://eurlex.europa.eu/legal-content/ES/TXT/PDF/?uri=CELEX:52020DC0607

3   Macroencuesta de Violencia contra la Mujer 2019, Subdirección General de Sensibilización, Prevención y Estudios de la Violencia de Género (Delegación del Gobierno contra la Violencia de Género), disponible en https://violenciagenero.igualdad.gob.es/violenciaEnCifras/macroencuesta2015/pdf/Macroencuesta_2019_estudio_investigacion.pdf

La sorpresa que generan estas cifras nos habla de hasta qué punto la violencia sexual paterna en la primera infancia es un fenómeno impensable e innombrable en nuestras sociedades. Desde la impenetrabilidad de ese lugar se teje la intrincada tela de araña judicial en la que nos vemos atrapadas las madres que denunciamos violencia sexual por parte de un padre: nadie cree a nuestras hijas y a nosotras también se nos acusa de mentirosas. Parece más fácil imaginar a unos niños maleables y a una madre instrumentalizadora y vengativa que a un padre como violador de su propia descendencia. En eso consiste el síndrome de alienación parental, un marco de interpretación que nos hace parecer, a las madres denunciantes, unas mujeres obsesivas y perversas que manipulamos a nuestros hijos e hijas para que mientan con el objetivo de vengarnos de su padre; un marco que absuelve a ese padre de toda sospecha, que disuade a las madres y a los profesionales de proseguir con las denuncias y los procesos judiciales, que nos arranca a nuestras hijas e hijos, que los deja sin protección alguna y que a nosotras nos lleva a la cárcel o a afrontar multas imposibles.

Con este libro nos proponemos romper la opacidad del sistema judicial y de los mecanismos de «protección» a la infancia, desentrañar su mecánica y desenmascarar la falsedad del síndrome de alienación parental para visualizar el tipo de violencia institucional de la que somos objeto y la desprotección generalizada de las niñas y niños abusados sexualmente por sus padres. Al hacerlo aspiramos también a denunciar los mecanismos sutiles de una reacción patriarcal que está encontrando un buen aliado en (algunos) tribunales. Se trata de una reacción que nos toma como chivos expiatorios, pero que excede nuestras historias. En una ofensiva generalizada contra las conquistas del feminismo, entreteje mandatos de género, mitos patriarcales y el tabú del incesto para llamarnos al orden, a nosotras y a nuestras hijas, salvaguardando por encima de todo el carácter sacro del *pater familias* y del tipo de institución familiar que este preside.

III

Con esta tarea, nos adentramos en un proceso de investigación y elaboración colaborativa, donde las artes de escritura de unas se han hilvanado con los saberes jurídicos de otras; donde las experiencias en primera persona se han tejido con datos y búsquedas bibliográficas; donde la rabia de muchas ha prendido fuego a las páginas: rabia por las violencias sexuales vividas, rabia por la desprotección de las infancias, rabia por la omnipotencia del *pater familias*.

La estructura del libro, los conceptos que lo articulan y las primeras pinceladas de su contenido se alumbraron en un taller con madres protectoras. Después, el texto fue cogiendo espesor en la escritura a varias manos, utilizando testimonios en primera persona, reflexiones compartidas en sesiones de trabajo colectivo, sentencias e informes psicojurídicos, así como estudios y ensayos anteriores sobre violencia sexual, síndrome de alienación parental y violencia institucional. Tras varias rondas de revisiones a manos de supervivientes, madres protectoras, periodistas, médicas, juristas y activistas feministas, quedó tal y como llega a tus manos.

Decidir qué partes narrar de esta lucha y cómo hacerlo no ha sido tarea sencilla. Los informes médicos, psicosociales, periciales, las sentencias, archivos, recursos y alegaciones de un solo caso cimentan un monstruo de miles de páginas que contiene en su interior toda la violencia que hemos sufrido, nosotras y nuestros niños. Compartirlos de manera pública, con pelos y señales, habría hecho inapelable nuestra denuncia, pero nos habría expuesto más de lo que ya lo estamos. Llevamos una buena carga de criminalización a nuestras espaldas. Nuestro enemigo es fuerte y tiene muchos tentáculos que desbordan el sistema judicial (tramas policiales, redes de pederastia, influyentes medios de comunicación, departamentos de universidades, partidos políticos de extrema derecha...). Por eso elegimos el anonimato y nos guarecemos tras la firma de nuestras aliadas. La firma colectiva de este libro representa justo eso: la imposibilidad de poner nuestros nombres a nuestra historia por miedo a lo que pudiera sucedernos después. Significa también el temor a que nuestros nombres no sean suficiente para combatir la incredulidad que nuestra lucha despierta, azuzada por el linchamiento mediático y judicial que hemos sufrido. Encarna, en definitiva, el arrope de nuestras aliadas, que firman este libro como forma de acuerpamiento.

La protección de nuestras hijas nos empuja aún más si cabe a la precaución extrema. Su derecho a la privacidad, a no ser reconocidas en sus entornos cotidianos, las posibles represalias que puedan sufrir por parte de sus padres si cae este libro en sus manos, los detalles que, desde su situación actual de desamparo, pueden asumir y los que es mejor guardar para más adelante, cuando logren salir..., todo ello nos ha llevado a refugiarnos en el lenguaje literario para transmitir nuestra lucha. Huimos así de los tecnicismos jurídicos, esa espesa jerga con la que nos hemos visto obligadas a familiarizarnos, pero que constituye, en su efecto distanciador y en su opacidad, otra forma de violencia institucional. En ocasiones, hemos tirado también de arquetipos. No solo como recurso literario desde el que permanecer en el anonimato, sino también porque sobre nuestros casos se aplica un mismo patrón que, a la par que nos despedaza, unifica nuestra lucha. Lo dice la relatora especial de la ONU sobre la violencia contra la mujer[4] y lo confirma un estudio firmado por la Universidad Complutense de Madrid, la Universidad de Barcelona y el Instituto de Derechos Humanos de la Universidad de Valencia.[5]

---

4   Marisa Kohan (12 de diciembre de 2021): «La ONU ve un "patrón estructural" en la Justicia española que desprotege a los niños y discrimina a las mujeres», en *Público*, disponible en https://www.publico.es/sociedad/onu-ve-patron-estructural-justicia-espanola-desprotege-ninos-discrimina-mujeres.html

5   Débora Ávila, Adela Franzé, Patricia González Prado, María del Carmen Peñaranda y Marta Pérez (2022): *Violencia institucional contra las madres y la infancia. Aplicación del falso síndrome de alienación parental en España*, Ministerio de Igualdad, disponible en https://violenciagenero.igualdad.gob.es/violenciaEnCifras/estudios/investigaciones/2022/estudios/violencia_alineacion_parental.htm

Cuando otras madres protectoras que están encarando los primeros momentos tras la denuncia contactan con nosotras y nos cuentan cómo se invoca el síndrome de alienación parental en sus procedimientos, nos gustaría decirles que no se preocupen, que el sinsentido parará más pronto que tarde. Pero no podemos. De hecho, podemos anticipar sin mucho miedo a equivocarnos la tela de araña que va a empezar a tejerse a su alrededor. Paso a paso, hilo a hilo. Y es que nuestros casos no son arbitrariedades aisladas ni injusticias producidas por el azar y la mala baba de dos o tres. Responden a una lógica, la de la justicia patriarcal, que utiliza el síndrome de alienación patriarcal como Can Cerbero, monstruo de tres cabezas que guarda las puertas del inframundo, para que los secretos familiares no salgan y el cambio no pueda entrar.[6]

Existe un patrón que se nos aplica, pero esto no se traduce en linealidad y coherencia en lo que nos sucede. La tela de araña, con su patrón, nos envuelve en una maraña de confusión e incomprensión: si, a través de estas páginas, sientes eso, no se debe a la remezcla de voces e historias, es la misma que vivimos cada una de nosotras a medida que los hilos judiciales se van anudando en torno a nuestro cuerpo, hasta que nos descubrimos como un insecto que manotea indefenso atrapado en el centro de la tela de araña. Entenderás toda esta confusión poco a poco, en el desarrollo del libro. Cada una de las referencias que encontrarás a procedimientos, informes y sentencias se corresponde con casos concretos y hechos reales, salvo allí donde ha sido necesario recurrir al lenguaje metafórico para proteger la identidad de quienes aún se lo juegan todo en esto. Con pedazos de aquí y allá, hemos tratado de componer un relato que transmita nuestras vivencias en toda su asfixiante realidad.

Hemos acompañado el relato de lo que vivimos como madres protectoras con otra historia, esta sí más lineal: la crónica y la contracrónica del proceso de criminalización que vivió la Asociación Infancia Libre, la primera que visibilizó nuestra lucha, y pagó un alto precio por ello. Los titulares y su contracara, lo que nunca se contó o solo se pudo leer en las notas al pie, los detalles que lo cambian todo ayudan a entender cómo un puñado de mujeres de a pie se convirtió en blanco prioritario de un feroz ataque mediático, judicial y político. Para acabar de componer el puzle, hemos añadido relatos desde el otro lado, el de las infancias expuestas a la violencia sexual paterna y a diferentes formas de desprotección. Desde ya queremos agradecer a sus autoras la valentía de compartir lo vivido para abrigo de otras.

Unos y otros textos aparecen apuntalados con lo que llamamos «fichas de conceptos». Se trata de descripciones detalladas de algunos de los términos clave en esta lucha, a los que se suman narraciones y testimonios que contribuyen a visualizar cómo lo que

---

6   En la mitología griega, el Can Cerbero era el perro del dios Hades, encargado de asegurar que los muertos no salieran de su reino y que los vivos no pudiesen entrar. En la mayoría de las fuentes antiguas se le describe con tres cabezas, aunque Hesíodo le atribuye cincuenta y una serpientes en lugar de cola.

parece abstracto se traslada de manera muy concreta a las vidas de mujeres e infancias. Son textos que se pueden leer en orden o a saltos, a la manera de un glosario. Su propósito es situar, con materiales descriptivos y analíticos, a las personas ajenas en esa tela de araña sofocante que nos atrapa a las madres protectoras cuando tratamos de proteger de la violencia sexual paterna a nuestros hijos.

IV

La lucha de las madres protectoras emerge de movimientos telúricos, en la colisión entre el patriarcado de siempre y las conquistas recientes del movimiento feminista. Más de una década de marea feminista ha alcanzado a la soberanía de las infancias sobre su propio cuerpo y sobre su identidad. Ha alentado también a las madres a escucharlas de un nuevo modo, a dar valor y verdad a sus vivencias y a sus palabras, aunque estas contravengan la armonía familiar. La prioridad ya no es tener al padre contento. El *pater familias* reacciona frente a esta rebeldía —autodeterminación— de quienes hace no tanto estaban bajo su mando: despliega todos los recursos a su alcance para reafirmar su poder.

Escuchar esta lucha, la de las madres protectoras y la de las infancias que alzan la voz, vislumbra un conjunto de vectores de politización urgente para el feminismo. En primer lugar, permite visualizar la raíz patriarcal de nuestro sistema de justicia. Como nos recuerda Miren Ortubay, el sistema judicial nunca ha sido un buen aliado de las mujeres.[7] En nuestro país, durante toda la dictadura franquista tuvo un papel clave en el disciplinamiento de las mujeres y de su sexualidad. Entre otras cosas, otorgó a los maridos la prerrogativa de aplicar un «correctivo» a la mujer y los hijos cuando no les obedecían y hasta 1971 les eximía de pena si, al propinar una paliza a la esposa sorprendida en adulterio, las lesiones provocadas eran leves.[8] «Mi marido me pega lo normal» era una frase refrendada en sede penal. Algunos de aquellos jueces siguen ejerciendo como tales y han formado a las generaciones siguientes.

Cuando hoy una madre denuncia violencia sexual paterna está rompiendo el canon de sumisión conyugal y abnegación materna, está sacando a la vista todos los trapos sucios que, según la lógica patriarcal, deberían lavarse en casa, está rompiendo esa armonía del hogar por la que, de acuerdo con esa misma lógica, debería velar. Bajo el prisma del *pater familias,* esto la convierte inmediatamente en sospechosa: de mentir, de querer vengarse, de manipular y, sobre todo, de ser una mala mujer. Por desgracia, las historias de las madres protectoras nos muestran que, a pesar de la supuesta imparcialidad de

---

7   Miren Ortubay (4 de abril de 2014): «Mujeres y castigo penal», ponencia de la serie *Mujeres encarceladas: castigo, feminidad y domesticación*, EHUtb, disponible en https://ehutb.ehu.es/video/58c66d40f82b2b836e8b4574

8   Véase artículo 428, capítulo v, del Código Penal franquista de 1944.

los tribunales, esta óptica opera en no pocos casos. La mujer denunciante pasa en un parpadeo, patriarcado mediante, de sospechosa a denunciada. Cuando se sienta en el banquillo de los acusados, y pasa a menudo, se la juzga más duramente que a nadie.

La lucha de las madres protectoras desvela también el adultocentrismo que atraviesa el sistema judicial, incapaz de ofrecer los marcos adecuados para ver y escuchar a las infancias. La falta de dispositivos institucionales especializados que reconozcan las especificidades de la infancia en sus diferentes etapas evolutivas, junto con el tabú del incesto y el estereotipo que presenta a los niños como una hoja en blanco abierta a las manipulaciones, deja impune la violencia sexual paterna e impide ofrecer una verdadera protección a niñes y jóvenes. Por más que se insista en la prioridad del «interés superior del menor», su voluntad, sus vivencias, su voz no cuentan.

Por último, la lucha de las madres protectoras saca a la palestra una violencia institucional sutil e invisible:[9] aquella que aparece en un informe psicosocial acusatorio, que se prolonga en la inacción del colegio, que se materializa en la decisión judicial de arrancar unas criaturas de la madre con la que conviven desde su nacimiento. El encuentro con unas instituciones a las que, en un principio, se acude en busca de ayuda multiplica el trauma vivido: obliga a revivir una y otra vez lo sucedido, revictimizando y trasladando la carga de la culpa sobre los hombros de quien debería recibir apoyo. Jueces, trabajadoras sociales, psicólogos, abogadas, forenses, fiscales, etcétera, inmersos en las lógicas constitutivamente patriarcales del Estado,[10] omiten el deber de protección como trabajadores públicos y justifican las violencias desplegadas.[11] La banalidad del mal definida por Arendt se cuela en sus despachos, diluyendo responsabilidades y trivializando actuaciones que incluyen niveles de violencia calificables de tortura.[12] El reconocimiento de las violencias institucionales es cada vez más urgente, dadas la invisibilidad que las define y la impunidad que las resguarda.

> Es una violencia que te deja siempre desamparada, porque no se nombra, ni siquiera se insinúa, pero te atraviesa el alma. Me siento como si tuviese al cuello una mano del sistema judicial, todo el rato. Oculta y ejercida de forma normalizada, tolera y legitima todas las violencias. Cada vez que recibo una nueva notificación o tengo un informe en mis manos, colapso emocionalmente al leerlo, se me agarrotan las manos y me paso veinticuatro horas sin

---

9   Marta Cabezas y Ana Martínez (2023): *Cuando el Estado es violento. Narrativas de violencia contra las mujeres y las disidencias sexuales*, Manresa: Bellaterra.

10 Rita Segato (2018): *Contra-pedagogías de la crueldad*, Buenos Aires: Prometeo Libros.

11 Tania Sordo Ruz: «El uso del falso SAP como forma de violencia institucional», en M. Cabezas y A. Martínez: *Cuando el Estado es violento*, cit., pp. 99-114.

12 Marisa Kohan (8 de junio de 2022): «Reem Alsalem, relatora de la ONU: "La violencia institucional que sufren las mujeres puede llegar a niveles de tortura"», en *Público*, disponible en https://www.publico.es/mujer/reem-alsalem-relatora-onu-violencia-institucional-sufren-mujeres-llegar-niveles-tortura.html

poder moverlas. No puedo enfrentarme a mis papeles. Me han arrancado lo más hermoso de mi vida, la posibilidad de acariciarla, de mirarla, de protegerla, como hizo mi madre conmigo.[13]

La criminalización que viven las madres protectoras se asemeja a la quema de brujas de antaño. Se las quiere llevar a la hoguera por romper el rol sumiso y abnegado escrito para ellas, por atreverse a nombrar y sacar a la luz pública la violencia sexual paterna, poniendo en cuestión el derecho paterno sobre los cuerpos de la descendencia. No han recorrido todo este camino para callarse ahora. Su fuerza es la nuestra. Con nosotras, contigo, seremos temblor que lo agrietará todo.

---

13 Retazos de voces de madres protectoras que sufren violencia institucional. Algunos de ellos están extraídos del informe Débora Ávila *et al.: Violencia institucional contra las madres y la infancia,* cit.

CONCEPTOS 1

SÍNDROME DE ALIENACIÓN PARENTAL

El síndrome de alienación parental es un constructo pseudocientífico que se presenta ante todo en las disputas judiciales por la custodia de la infancia, en la mayoría de los casos después de que se hayan interpuesto denuncias por violencia machista

(maltrato o violencia sexual) contra criaturas, adolescentes o sus madres. Opera como eficaz cortafuegos de estas denuncias, desarticulando toda investigación.

Su creador, el psiquiatra estadounidense Richard Gardner (1931-2003), trabajó durante décadas como perito judicial en casos de violencia sexual. Su testimonio y sus metodologías cuestionaban por sistema la credibilidad de las víctimas.[14] En el caso de la infancia, afirmaba que lo traumático no eran los «encuentros sexuales» *per se* ni tampoco que estuviesen mediados por relaciones filiales y por una gran asimetría de poder, sino la «sobrerreacción» en nuestras sociedades, en particular lo que él denominaba la «histeria de las madres».[15] En *True and False Accusations of Child Sex Abuse,* un libro publicado en 1992 por una editorial creada por él mismo, se pueden encontrar numerosos pasajes de defensa explícita de la pederastia como una práctica antigua que mejora la reproducción de la especie.[16] En esta

---

14 María José Blanco Barea (2006): «El síndrome inquisitorial estadounidense de alienación parental», p. 11, borrador disponible en https://heterodoxia.files.wordpress.com/2009/08/alienacion_parental.pdf

15 «Si el niño sufre es porque nuestra sociedad reacciona de manera exagerada», escribe Richard Gardner, negando el sufrimiento específico de un encuentro sexual mediado por tal asimetría de poder y por relaciones filiales. Richard Gardner (1992): *True and False Accusations of Child Sex Abuse*, Nueva Jersey: Creative Therapeutics, p. 595. Sobre la «reacción histérica» de la madre, véase ibídem, pp. 576-586.

16 «Resulta interesante —escribe Gardner— que, de todos los pueblos antiguos, probablemente sean los judíos los únicos con una actitud punitiva hacia los pedófilos. [...] Las primeras prohibiciones cristianas contra la pedofilia parecen haberse derivado de las primeras enseñanzas de los judíos y nuestra actual reacción exagerada ante la pedofilia representa una exageración de los principios judeocristianos y constituye un importante factor que opera en la atipicidad de la sociedad occidental con respecto a tales actividades» (ibídem, pp. 46-47). Unas páginas antes defiende la función procreativa no solo del deseo sexual hacia la infancia, sino de la pederastia: «La pedofilia, y esto es algo que resulta relevante para mi teoría, también tiene fines procreativos. Obviamente, no sirve a tales fines en el nivel inmediato, ya que las niñas no pueden quedarse embarazadas ni los niños pueden dejar embarazadas a otras personas. Sin embargo, es probable que el niño [o la niña] que se ve arrastrado a encuentros sexuales a una edad temprana se sexualice en gran medida y ansíe tener experiencias sexuales durante los años de la prepubertad. Es más probable que ese "niño cargado" sea sexualmente activo después de la pubertad y, por lo tanto, que transmita sus genes a través de su progenie a una edad temprana. [...] Cuanto más joven sea la máquina de supervivencia en el momento en que aparecen los impulsos sexuales, más larga será la duración de la capacidad procreadora y mayor será la probabilidad de que el individuo cree más máquinas de supervivencia en la siguiente generación» (ibídem, pp. 24-25). En la página 593, hace las siguientes recomendaciones para la terapia del padre incestuoso: «Hay que ayudar al padre a valorar que en todos nosotros hay cierto grado de pedofilia y que todos nosotros, como niños, somos "perversos polimorfos". Si no lo sabe ya, hay que ayudarle a valorar que la pedofilia ha sido considerada la norma por la inmensa mayoría de individuos en la historia mundial». Para la terapia de las criaturas que han sufrido violencia sexual, unas páginas antes aconseja: «A los niños mayores se les puede ayudar a valorar que los encuentros sexuales entre un adulto y un niño no se consideran universalmente actos reprobables. Se le puede hablar al niño de otras sociedades en las que este comportamiento era y es considerado normal» (ibídem, p. 549).

«naturalización» del «encuentro sexual» entre criatura y persona adulta, nunca se pregunta por qué, en un número arrollador de casos, el adulto es varón y la criatura, una niña, a veces de muy corta edad; ni por qué no aparecen las voces de niños, niñas y niñes que, ya en edad adulta, han contado su propia percepción de este tipo de «encuentros».[17] Además, denominarlos «encuentros» ya es toda una toma de posición que desplaza la asimetría de poder y borra el impacto que puede tener el hecho de que se produzcan en el seno de la familia.

¿Qué es, pues, el síndrome de alienación parental (SAP), acuñado por este psiquiatra en 1985? Gardner lo define como «un trastorno infantil que surge casi exclusivamente en el contexto de las disputas por la custodia de los niños. Su manifestación primaria es la campaña de denigración del niño contra un progenitor, una campaña que no tiene justificación».[18] Hay que recordar que, antes de ejercer como perito judicial, Gardner había servido en el cuerpo médico del Ejército estadounidense y se había especializado en técnicas de «desprogramación» de soldados que habían sido hechos prisioneros durante la guerra de Corea.[19] No es casual, pues, que el paradigma bélico impregne sus teorías; así, deduce que, cuando un niño, niña o niñe rechaza a uno de sus progenitores, no es por algo que haya hecho ese progenitor, sino que la responsabilidad es del otro progenitor, que ha «programado» de forma consciente o inconsciente a la criatura, por lo que es necesario intervenir «desprogramándola» y salvaguardando el «vínculo con el progenitor rechazado», porque ahí reside el «interés superior del menor».

A pesar de que Gardner ofrece una presentación inicial neutral con respecto al género, sus textos enseguida aclaran que «en la mayoría de los casos, las iniciadoras de este tipo de programación son las madres y los padres son las víctimas de las campañas de denigración»,[20] por lo que el vínculo que hay que salvaguardar a toda costa es el paternofilial, sin indagar cuánto hay de cierto en las denuncias de maltrato o violencia sexual.

Para traspasar las barreras y los abordajes previos de la alienación parental y, sobre todo, para dar validez a este supuesto síndrome como diagnóstico pericial capaz de

---

17 ntre la bibliografía en primera persona, nos parecen especialmente destacables Marta Suria: *Ella soy yo*, cit.; y Belén López Peiró (2020): *Por qué volvías cada verano*, Barcelona: Las Afueras; así como el documental de Alejandra Perdomo (2022): *La reparación*.

18 Richard Gardner (1985): «Recent Trends in Divorce and Custody Litigation», en *Academy Forum*, vol. 29, núm. 2, p. 3.

19 M. J. Blanco Barea: «El síndrome inquisitorial estadounidense de alienación parental», cit., p. 11.

20 Richard A. Gardner (1998): «Recommendations for Dealing with Parents who Induce a Parental Alienation Syndrome in their Children», en *Journal of Divorce & Remarriage*, vol. 28, núms. 3/4, pp. 1-21. Véase también R. A. Gardner: *True and False Accusations of Child Sex Abuse*, cit., p. 183: «Puesto que son las madres, con mucha más frecuencia que los padres, quienes suelen iniciar estas acusaciones, me referiré al acusador como la madre».

invalidar cualquier denuncia de violencia en el seno de la familia, Gardner lo reviste de un halo de cientificidad. Defiende que el SAP es un «síndrome médico puro», estableciendo una analogía algo traída por los pelos con el síndrome de Down.[21] Sostiene que cabe diagnosticar SAP siempre que, en la vida de un niño que exprese rechazo hacia uno de sus progenitores, concurran los siguientes ocho «síntomas»:

1. existencia de una campaña de denigración de un progenitor hacia el progenitor rechazado;

2. uso por parte del menor de argumentos frívolos o absurdos para justificar su rechazo;

3. apoyo automático e incondicional al otro progenitor;

4. falta de ambivalencia afectiva hacia las figuras parentales;

5. expresión por parte del menor de ideas propias (el llamado síntoma del «pensador independiente»);

6. falta de culpa por expresar el rechazo;

7. uso por parte del niño en su relato de «escenarios prestados», cosas que no puede haber vivido o recordar por sí mismo;

8. extensión del rechazo a la familia o entorno del progenitor rechazado.

Salta a la vista que la construcción del SAP tiene un sinnúmero de problemas meto dológicos para pasar por científica y, sobre todo, para descartar la existencia de violencia en el seno de la familia. En primer lugar, la vaguedad semántica de los «síntomas» enumerados y, por lo tanto, la imposibilidad de interpretarlos unívocamente: ¿cómo se mide lo «absurdo» o «frívolo» de un «argumento infantil»? ¿Cómo se determina la «independencia de pensamiento» de una niña? ¿Y la falta de ambivalencia o culpa? La mayoría de estos síntomas se corresponden con valoraciones y atribuciones establecidas por el observador, sin ninguna consideración ni investigación del contexto. El rechazo por parte de la criatura se considera prueba suficiente de que existe una «campaña de denigración» o «adoctrinamiento»: funciona así como *premisa oculta*[22] que inhibe la investigación de otros motivos posibles que tengan que ver con el comportamiento del progenitor rechazado. La bondad de este se da por sentada, sin que tenga que demostrar nada más que el documento de filiación. Se obvia, además, cualquier consideración sobre el desarrollo infantil: el conjunto de ocho síntomas se considera válido para todas las edades, pasando por alto las características evolutivas específicas de cada etapa.

---

21 Sobre la inconsistencia del argumento por analogía en la construcción del síndrome de alienación parental, véase Antonio Escudero, Lola Aguilar y Julia de la Cruz (2008): «La lógica del síndrome de alienación parental de Gardner (SAP): "terapia de la amenaza"», en *Revista de la Asociación Española de Neuropsiquiatría*, vol. xxvIII, núm. 102, pp. 288-289.

22 Ibídem, p. 300.

Pese a todas estas inconsistencias, sin ningún estudio empírico o revisión entre pares, sin más validación que el propio desempeño particular de Gardner como perito judicial, el SAP empieza a operar desde el momento en que se acuña en diferentes tribunales. Resulta muy «versátil» para desplazar denuncias de violencia ejercida por el padre, enmarcando el problema en una mera disputa de custodia, donde una madre malvada trata de poner a sus hijos en contra de su progenitor varón. No en vano, la orientación del SAP es fundamentalmente pragmática:[23] una vez aceptado el diagnóstico en los tribunales, una vez convertida la denuncia de violencia paterna en comportamiento patológico de la madre denunciante, se pone en marcha una estrategia de intervención bautizada por el propio Gardner como «terapia de la amenaza».[24] Si la causa de que un niño o adolescente rechace a un padre e incluso narre episodios de violencia sexual o maltrato cometidos por él es una madre malvada que ha introducido en su mente una «falsa memoria» por puro deseo de venganza, el «tratamiento» es sencillo: hay que utilizar las amenazas para borrar esos recuerdos y hay que separar, de manera violenta si es preciso, a esas niñas o adolescentes de sus madres para evitar que las sigan «programando».

El artífice del SAP es muy explícito con respecto a las técnicas que es preciso utilizar: «Cuando existe un síndrome de alienación parental, el enfoque terapéutico debe implicar al principio un grado importante de manipulación (normalmente por orden judicial) y estructuración de las personas», escribe en 1991.[25] Esta manipulación pasa por «sacar a los niños de casa de la madre y trasladarlos a la casa del padre [...]. Esto puede no ser fácil y el juzgado puede tener que amenazar con sanciones (como multas o pérdida permanente de la custodia) e incluso encarcelar a la madre si no obedece».[26] Las amenazas o sanciones pueden incluir el internamiento o la hospitalización de niños y niñas.[27]

En ningún momento se oculta la orientación coercitiva de esta terapia: «Los terapeutas que trabajen con niños SAP deben sentirse cómodos con métodos alternativos de terapia, con una terapia que implica un enfoque autoritario del tratamiento. [...] Deben sentirse cómodos trabajando sin la confidencialidad tradicional tan necesaria para el tratamiento estándar. Deben sentirse cómodos amenazando

---

23 A. Escudero, L. Aguilar y J. de la Cruz: «La lógica del síndrome de alienación parental de Gardner», cit., pp. 290-291.

24 Véase, por ejemplo, Richard A. Gardner (2001): «Should Courts Order PAS Children to Visit/Reside with the Alienated Parent? A Follow-up Study», en *The American Journal of Forensic Psychology*, vol. 19, núm. 3, pp. 61-106.

25 Richard A. Gardner (1991): «Legal and Psychotherapeutic Approaches to the Three Types of Parental Alienation Syndrome Families. When Psychiatry and the Law Join Forces», en *Court Review*, vol. 28, núm. 1, pp. 14-21.

26 Ibídem.

27 Richard A. Gardner: «Recommendations for Dealing with Parents who Induce a Parental Alienation Syndrome in their Children», cit.

a los progenitores alienantes, así como a los niños, de que habrá consecuencias si violan el programa de visitas ordenado por el juzgado. Estos terapeutas deben sentirse cómodos con los enfoques de confrontación, cuyo propósito es desprogramar a los niños SAP. Deben reconocer que hacer lo que los niños profesan que quieren puede no ser lo mejor para ellos. En los casos de SAP, lo que más les conviene es que se les obligue a visitar al progenitor alienado. Los terapeutas que no se sientan cómodos con lo que yo llamo "terapia de la amenaza" no deberían trabajar con familias SAP».[28]

El mecanismo es circular: una vez que una niña o adolescente es diagnosticada de padecer síndrome de alienación parental, ese marco interpretativo patologizador lo impregna todo y desplaza la denuncia inicial de maltrato y violencia sexual. Cualquier intento por parte de la madre de demostrar la veracidad de los hechos denunciados se leerá como un esfuerzo por persistir en la alienación de su hijo/a; cualquier insistencia por parte de la criatura o adolescente en narrar la violencia será leída como necesidad de aumentar las amenazas y restringir aún más los contactos con su madre para mitigar la «programación»; cualquier negación del síndrome de alienación parental se interpretará como la prueba misma de que existe.

La validez científica, médica y judicial del SAP ha sido impugnada por las principales asociaciones médicas estadounidenses: la Asociación Estadounidense de Psicología, la Asociación Médica Estadounidense y la Asociación Estadounidense de Psiquiatría. La revisión del año 2006 de la *Guía para jueces,* editada en Estados Unidos por el Consejo Nacional de Juzgados de Familia y Juventud, incluye ya un apartado de condena rotunda del uso del SAP, y lo califica como «síndrome desacreditado que favorece a los agresores de las criaturas en los litigios de custodia».[29] Jóvenes que, tras la aplicación judicial del SAP, fueron apartados de sus madres y obligados a vivir con padres violentadores empezaron a crear asociaciones para denunciar la desprotección en la que el uso de este supuesto síndrome los dejaba.[30]

Diferentes organismos internacionales también han señalado la falta de cientificidad del SAP: la Organización Mundial de la Salud (OMS), la Asociación Mundial de Psiquiatría, la Convención sobre la Eliminación de Todas las Formas de Discriminación Contra la Mujer (CEDAW), el grupo de trabajo sobre la discriminación contra mujeres y niñas de Naciones Unidas y la relatora especial sobre la Violencia contra la Mujer de Naciones Unidas, Reem Alsalem. Gardner se suicida de forma

---

28 Richard A. Gardner: «Should Courts Order PAS Children to Visit/Reside with the Alienated Parent?», cit.

29 *Navigating Custody and Visitation Evaluations in Cases with Domestic Violence: A Judge Guide,* National Council of Juvenile and Family Court Judges, 2006.

30 Véase, por ejemplo, *Children Against Court Appointed Child Abuse* (http://www.CA3CACACA.blogspot.com) o Courageous Kids Network (http://www.courageouskids.net/), citadas en Ana María Pérez del Campo (coord.), 2010: *Informe del grupo de trabajo de investigación sobre el llamado síndrome de alienación parental,* Madrid: Ministerio de Sanidad, Política Social e Igualdad, p. 62.

sumamente violenta en 2003 sin haber logrado que su síndrome sea aceptado en el *DSM (Manual diagnóstico y estadístico de los trastornos mentales)*, editado por la Asociación Estadounidense de Psiquiatría. A pesar de todo ello, el SAP no solo no cae en desuso, sino que encuentra nuevos defensores;[31] su utilización en juzgados y su divulgación en entornos profesionales se internacionaliza.

En España aparece en el contexto de un amplio desarrollo legislativo en materia de familia. En particular, son los años del debate y aprobación de la Ley Orgánica contra la Violencia de Género (2004), precedida, no lo olvidemos, del asesinato de Ana Orantes a manos de su exmarido. Apenas un año después, se promulga la Ley 15/2005, que simplifica los trámites de divorcio y, a su vez, plantea la custodia compartida.[32]. Cuando José Manuel Aguilar Cuenca publica en 2006 *Síndrome de alienación parental: Hijos manipulados por un cónyuge para odiar al otro*, primer libro pro-SAP en castellano, con varias reediciones hasta la fecha,[33] este constructo pseudocientífico se está utilizando ya en algunos de nuestros tribunales de manera literal o bajo nuevas etiquetas, como «interferencias parentales», «impedimento de contacto» o «madre maliciosa».[34] El caso más mediático de estos primeros años tiene lugar en el Juzgado de Primera Instancia núm. 4 de Manresa, cuya sentencia (4 de junio de 2007) es una aplicación de manual del SAP.[35]

En el Estado español también son numerosos los organismos que refutan este supuesto síndrome y señalan los peligros de su aplicación.[36] Varias guías del

---

31 Entre ellos cabe citar a Richard A. Warshak, que publicó el mismo año de la muerte de Gardner un artículo sobre el síndrome de alienación parental que actualizaba y sofisticaba las desacreditadas tesis de Gardner. Véase Richard A. Warshak (2003): «Bringing Sense to Parental Alienation: a Look at the Disputes and the Evidence», en *Family Law Quarterly,* vol. 37, pp. 273-301. En la página web personal de este psicólogo clínico estadounidense se puede encontrar abundante material: https://www.warshak.com/

32 A. M. Pérez del Campo (coord.): *Informe del grupo de trabajo de investigación sobre el llamado síndrome de alienación parental,* cit., p. 4. Sobre la custodia compartida, véase Conceptos 5 en este mismo volumen (p. 119).

33 José Manuel Aguilar Cuenca (2006): *Síndrome de alienación parental: Hijos manipulados por un cónyuge para odiar al otro,* Córdoba: Almuzara.

34 Véanse Sonia Vaccaro y Consuelo Barea Payueta (2009): *El pretendido síndrome de alienación parental. Un instrumento que perpetúa el maltrato y la violencia,* Bilbao: Desclée de Brouwer; y A. M. Pérez del Campo (coord.): *Informe del grupo de trabajo de investigación sobre el llamado síndrome de alienación parental,* cit., p. 4.

35 El juzgado adjudica la guardia y custodia al padre y se prohíbe toda comunicación y visitas a la madre y la familia materna por un periodo mínimo de seis meses, ampliable en función de los informes psicosociales (Juzgado de Primera Instancia núm. 4 de Manresa, Sentencia de 4 junio de 2007, Proc. 576/2006, disponible en https://diariolaley.laleynext.es/Content/DocumentoRelacionado.aspx?params=H4sIAAAAAAAEAMtMSbH1CjUwMDAyMzA2MDJUK0stKs7Mz7M1MjAwNzAzMAEA76Bm-7yEAAAA=WKE).

36 Véanse los ya citados Sonia Vaccaro y Consuelo Barea Payueta: *El pretendido síndrome de alienación parental. Un instrumento que perpetúa el maltrato y la violencia;* y A. M. Pérez del Campo (coord.): *Informe del grupo de trabajo de investigación sobre el llamado síndrome de alienación parental,* así como VV. AA. (abril de 2021): *Información sobre la aplicación de la convención sobre la eliminación de todas las formas de discriminación contra la mujer,* Comité para la Eliminación de la Discriminación contra la Mujer, noveno informe periódico de España. Entre los organismos, cabe citar el Grupo de Expertas en la lucha contra la Violencia contra las Mujeres y la Violencia Doméstica (GREVIO), la Asociación Española

Consejo General del Poder Judicial insisten en la falta de aval científico de este constructo.[37] La Ley Orgánica de Protección Integral a la Infancia y Adolescencia frente a la Violencia hace referencia explícita a que los poderes públicos deben tomar medidas para impedir su uso.[38]

Sin embargo, tal y como documenta el estudio *Violencia institucional contra las madres y la infancia,*[39] nada de esto impide que, si una madre presenta una denuncia de maltrato o de violencia sexual paterna, pueda toparse hasta el día de hoy en nuestro país con un juzgado que le aplique el SAP. Y es que no faltan actores con recursos, prestigio y visibilidad que promueven o validan este recurso. Lo utilizan como si de un instrumento objetivo y neutro se tratara, haciendo oídos sordos a su refutación en el campo de la psicología y de la psiquiatría. Nos referimos a todo un entramado de espacios académicos de investigación y docencia en psicología, psicología forense, trabajo social y derecho que publican guías y forman profesionales que intervienen en sede judicial y están, a su vez, conectados con entidades sociales: asociaciones y fundaciones que cuentan con conciertos con la administración pública para la gestión de Puntos de Encuentro Familiar, Servicios de Coordinación de Parentalidad y Centros de Apoyo a las Familias.[40] Con muy poco control público, algunos de estos centros emiten informes que incorporan el marco del refutado SAP y recomiendan medidas que siguen a pies juntillas la «terapia de la amenaza» proclamada por Gardner. En el juzgado de familia, estos informes y recomendaciones se convierten en resoluciones judiciales.

---

de Neuropsiquiatría y la Sociedad Española de Psicología y Psicoterapia del Niño y del Adolescente, la Asociación Libre de Abogadas y Abogados, la Asociación de Mujeres Juristas Themis, la Asociación de Mujeres Juezas de España, el Consejo General del Poder Judicial, el Consejo General del Trabajo Social y la fiscal de Sala Contra la Violencia Contra la Mujer, Teresa Peramato. El propio Tribunal Supremo, en su Sentencia 162/2016 de 16 de marzo de 2016, señala que comparte las «profundas dudas científicas sobre la existencia de ese síndrome y sus causas, consecuencias y soluciones». El Pacto de Estado contra la Violencia de Género de 2017 se posiciona en contra del SAP en su Eje 2.6 (Justicia). Lo hace, en concreto, en su medida 129.

37 La guía de 2020 del Consejo General del Poder Judicial sobre criterios de actuación en temas de custodia compartida afirma que «no puede fundamentarse un cambio en el régimen de custodia en el mal denominado síndrome de alienación parental», porque «carece de todo reconocimiento médico-científico», reiterando lo que ya afirmaba en otra guía sobre violencia de género de 2016. Véase CGPJ (25 de junio de 2020): *Guía de criterios de actuación judicial en materia de custodia compartida,* disponible en https://www.poderjudicial.es/cgpj/es/Temas/Igualdad-de-Genero/Guias-y-estadisticas/Guias-del-Consejo-en-la-materia/Guia-de-criterios-de-actuacion-judicial-en-materia-de-custodia-compartida

38 La Ley Orgánica de Protección Integral de la Infancia y Adolescencia frente a la Violencia (junio de 2021) afirma en su artículo 11.3 que los poderes públicos deben tomar las medidas necesarias para «impedir que planteamientos teóricos o criterios sin aval científico que presuman interferencia o manipulación adulta, como el llamado síndrome de alienación parental, puedan ser tomados en consideración». Véase *Boletín Oficial del Estado,* núm. 134, 5 de junio de 2021, pp. 68657-68730, disponible en https://www.boe.es/eli/es/lo/2021/06/04/8

39 Débora Ávila et al.: *Violencia institucional contra las madres y la infancia,* cit., en particular pp. 67-77.

40 Sobre los Puntos de Encuentro Familiar y la Coordinación de Parentalidad, véase Conceptos 3, en este mismo volumen (p. 83).

Esta inserción del SAP dentro del sistema legal de nuestro país permite archivar las denuncias por violencia sexual y maltrato parental, trasladando así el caso de la jurisdicción penal a la de familia. Se interrumpe así la debida investigación de los hechos, el estudio del contexto en el que viven criaturas y adolescentes, colocando una respuesta precocinada hace más de dos décadas que borra de manera automática todas las preguntas (¿por qué el niño tiene pesadillas y no habla?, ¿de dónde viene la vulvovaginitis de la niña?, ¿por qué tiembla cada vez que oye la voz de su padre?). La aplicación de la «terapia de la amenaza» deja a niñas y adolescentes víctimas de violencia en manos de su agresor, limitando o cortando por completo el vínculo con su figura de protección, la que los creyó en primer lugar y pensó que lo correcto era denunciar. Esta pseudoterapia cumple también una función disuasoria: si el riesgo es la separación forzada y una mayor desprotección, mejor callar la violencia, hacer como que la niña nunca contó nada, inventar subterfugios para minimizar lo que está pasando. La confianza de los niños en el mundo adulto que debería protegerlos se ve dos veces dañada: la primera vez, por una violencia ejercida en el seno de la familia; la segunda, por la aplicación de una terapia explícitamente coercitiva que les impone por orden judicial seguir conviviendo con quien los violenta, apartándolos de la figura de referencia que les otorgaba protección.

¿Cómo es posible que un constructo pseudocientífico inventado allende los mares, que ha sido tan reiteradamente desacreditado y que vulnera todos y cada uno de los derechos de la infancia, siga estando tan extendido? La respuesta es clara: el SAP engarza con el núcleo primordial del patriarcado, que niega la violencia paterna, tacha de loca a la mujer que denuncia y considera a los hijos propiedad del padre. Lo hace, no obstante, cubriéndose de un manto de cientificidad, objetividad e imparcialidad que permite reivindicar los privilegios del padre haciendo que parezca una defensa de lo que es más justo. Es, pues, una expresión clara de la desigualdad de género en sede judicial, una obscena vulneración del principio jurídico de igualdad ante la ley. Al mismo tiempo, ofrece una vía de encubrimiento y escape para no tener que enfrentar ese gran impensable de nuestras sociedades: la violencia sexual paterna contra la propia progenie. Es un modo renovado de imponer silencio en el momento preciso en que las madres se han decidido a romperlo.

«MADRE ALIENANTE»

El síndrome de alienación parental se sustenta sobre un conjunto de estereotipos patriarcales arraigados en lo más profundo de nuestras sociedades. Estos estereotipos constituyen el sustrato en el que este constructo hunde sus raíces y con el que establece un circuito de retroalimentación continua.

Para empezar, si Gardner pudo afirmar, y otros pudieron divulgar a partir de él, que los «encuentros sexuales» entre menores y adultos no eran tan mala cosa, fue porque existía cierto lugar común patriarcal, cuestionado pero no obstante en circulación, de que hay niños y adolescentes que buscan el contacto sexual con el adulto y que, si no se crea excesivo alboroto alrededor, estas «experiencias» no les dejan ninguna huella, en particular cuando suceden a muy corta edad. Se sobreentiende que la «vivencia traumática» no se desprende de la asimetría de poder o de las sensaciones de invasión, pérdida de control, ambivalencia y confusión, ni tampoco del dolor físico, sino de la «significación social del hecho», una significación de la que supuestamente solo se tendría conciencia a partir de cierta edad. Tal es la persistencia de este estereotipo que habrá quien insista en la «levedad» de la violencia sexual contra la infancia y la adolescencia aunque tenga ante sí informes médicos que refieren dilataciones anales fuera de lo corriente o «vulvovaginitis de repetición» en niñas de tres, cinco o siete años.

El síndrome de alienación parental se sostiene también sobre estereotipos referentes a la infancia en los que las criaturas aparecen como materia sin forma que el mundo adulto puede modelar a voluntad a partir de sus propios designios. Como toda idea preconcebida, este estereotipo funciona negando u obviando lo que no encaja, ya sea la bibliografía reciente sobre desarrollo infantil que demuestra que el niño (la niña, le niñe) tiene una singularidad propia e irreductible, aunque sea en emergencia, desde el momento mismo en que nace[41] o todas las experiencias concretas de hijas e hijos que con dos añitos le llevan la contraria a su madre. Contra toda evidencia, se visualiza a la criatura como una hoja en blanco a merced de su cuidador primario. A partir de aquí, se sobreentiende que lo que la criatura diga o exprese es lo que esa persona le ha dictado: no hay voz propia, tampoco rebeldías ni sentimientos propios. Este estereotipo de la-hoja-en-blanco justifica no escuchar lo que la infancia y la adolescencia tienen que decirnos, puesto que se da por sentado que por su boca hablan siempre otros. U otras.

El sustrato en el que el SAP hunde sus raíces también está compuesto por estereotipos relativos a la familia. La idea preconcebida en este caso es que el padre, la madre y su descendencia común constituyen un núcleo social fundamental, tejido por vínculos primarios, insoslayables e imprescindibles, que es preciso conservar a toda costa. No importa si ese núcleo se ha convertido en un infierno, no importa si está hecho de maltrato cotidiano, atravesado de abusos de poder y episodios de violencia sexual: se sigue defendiendo contra toda prueba empírica que mantener estos lazos, en cualquier circunstancia y a cualquier precio, es fundamental, en particular para el correcto desarrollo evolutivo de la infancia y la adolescencia.

---

41   Véase, por ejemplo, Daniel Stern (2005): *El mundo interpersonal del infante,* Buenos Aires:

En la versión más machista de este estereotipo, si el núcleo se rompe, el vínculo que hay que salvaguardar por encima de todas las cosas es el que une al padre con su descendencia, no el de la madre. En este punto, el preconcepto de la familia-siempre-y-para-toda-la-vida se engarza con otro estereotipo fundamental para la difusión y operatividad del SAP: el de la «madre alienante».

La idea preconcebida y ampliamente extendida de que las mujeres son celosas, vengativas, mentirosas, que como madres son sobreprotectoras, controladoras, manipuladoras y que tienden a obstaculizar la relación paternofilial por desconfianza o despecho hacia el padre introduce un sesgo contra las madres en los procedimientos de denuncia por violencia sexual contra la infancia y la adolescencia, en particular cuando el denunciado es el padre.Desde niñas escuchamos canciones de amor y despecho: «El daño que estás haciendo un día lo pagarás [...] me quedaré sonriendo para verte sufrir».[42] Lo grave no es que las cantáramos apasionadamente en patios y parques, lo grave es hasta qué punto las imágenes que estas canciones transmitían permean un mundo jurídico en teoría aséptico e imparcial.

Así, no es raro que descripciones como «tendencia al control», «centrada en sus propios intereses», «personalidad obsesiva», «ideas persecutorias», «dificultad para distinguir realidad de ficción», «rigidez ideativa», «sobreexposición al ámbito médico y judicial» o «preocupación mórbida» aparezcan en los informes psicosociales y forenses de estos procedimientos para describir la credibilidad, la personalidad y las capacidades para la crianza de las madres denunciantes, sin que estas afirmaciones vengan acompañadas de ningún tipo de prueba ni verificación empírica.

Toda una constelación de imágenes negativas de las mujeres en general y de las madres en particular, hondamente asentadas en nuestra cultura patriarcal y en nuestra psique colectiva, acuden, pues, en ayuda del constructo SAP para dar fondo y figura a la «madre alienante» formulada por Gardner. Al denigrar con una montaña de a prioris a la madre denunciante, facilitan el (pseudo)diagnóstico de SAP, permitiendo atribuir la denuncia a motivos espurios de la madre (resentimiento, afán de beneficios económicos y de custodia, etcétera) y encajar el procedimiento en el marco de un «conflicto familiar».

No deja de ser curioso que el pseudodiagnóstico de «madre alienante» (con toda su retahíla de sinónimos: instrumentalizadora, maliciosa, manipuladora, etcétera) se imponga incluso cuando no es ella quien interpone la denuncia, sino profesionales de los servicios sanitarios o sociales después de haber encontrado indicadores de violencia sexual en las criaturas. Tal y como reza un acto judicial:

---

42 Letra de la canción «No te acerques a mí», del grupo de Villaverde (Madrid) de tecno-rumba Camela (1994), en *Lágrimas de amor*.

No cabe tener por acreditado que los profesionales emitieran informes falsos [...] sino que estos profesionales, a los que la madre buscó intencionalmente [...] creyeron que los abusos sexuales referidos por parte de la menor eran reales, pese a que la sintomatología detectada en la menor pudo perfectamente ser inducida por la situación de desencuentro de los progenitores y la oposición de la madre a que dicha menor mantuviera un régimen de visitas con el padre.

Con estas palabras, el auto descartaba como prueba los informes médicos emitidos por distintos profesionales en los que se apreciaban «indicios compatibles con la existencia de un abuso sexual intrafamiliar».[43] Al parecer, resultaba más sencillo extender la idea de una instrumentalización a los profesionales sociosanitarios (marionetas en manos de una «mente retorcida y perversa», como llegó a afirmar un juez en otro auto)[44] que plantearse la sola posibilidad de que la violencia sexual paterna contra la hija fuera cierta.

En los largos y dolorosos procedimientos judiciales por los que tienen que pasar las madres denunciantes de violencia sexual paterna, aprenden sobre los peligros de esta etiqueta en cualquiera de sus formas. Saben que, detrás de sus esfuerzos por demostrar su credibilidad y la de sus niños, puede leerse «un propósito deliberado para perjudicar y acusar a su exmarido» y de «utiliza[r] [a sus hijas, hijos, hijes] en el procedimiento de divorcio». Esto lleva a muchas madres a desistir en sus denuncias o, incluso, a medir en qué situaciones «pueden» acudir a la justicia y en qué otras es «mejor» callar para evitar reforzar el cliché de la madre instrumentalizadora, con todo lo que ello supone: posibilidad de aplicación del SAP y despliegue de la «terapia de la amenaza». Tal y como argumentaba un juez:

La madre y su entorno no son capaces de asumir el hecho de que el niño se encuentra bien con su padre [...] y que no tiene ningún impedimento en residir en el domicilio paterno. [...] Pero este hecho tan claro para el menor no se admite en el entorno materno, y por eso le presiona constantemente para que manifieste su intención de querer volver a residir con la madre.

La sentencia ratificaba una custodia exclusiva para el padre, a pesar de estar condenado por violencia machista. Apoyaba este razonamiento en una entrevista psicosocial que recogía la afirmación del niño de que «le da igual si [la residencia] es

---

43 Auto de juzgado de instrucción, diligencias previas en un procedimiento de denuncia por falsedad documental que el progenitor, acusado por abuso sexual, inicia contra la madre.

44 Sentencia de juzgado de lo penal de condena por denuncia falsa contra una madre que había denunciado abuso sexual paterno.

en casa de su padre con visitas con su madre o en casa de su madre con visitas con su padre». La entrevista se había realizado a los pocos meses de que el niño fuera arrancado del domicilio materno e internado en un centro de menores, donde había mostrado clara dificultad de adaptación. El informe psicosocial completo recogía otros deseos del niño. De acuerdo con el texto emitido por los profesionales, lo que el niño manifestaba era «que le gustaría volver a casa con su madre y con su hermana y visitas con su padre, que no se ha planteado ir a vivir con su padre. Que lo que quiere es salir del centro y le da igual si es en casa de su padre con visitas con su madre o en casa de su madre con visitas con su padre». Sin embargo, el juez se había quedado solo con una parte de las declaraciones del niño, las que le permitían afirmar que en realidad al niño le daba igual y que quien no quería compartir la custodia era la madre, que era una mujer «instrumentalizadora, obsesiva, despechada».

Así exactamente funcionan los estereotipos: toman una parte de la realidad y la amplifican, descartando otros elementos que podrían entrar en contradicción. Moldean lo que vemos para que sirva de confirmación de una lectura previa a la que hace mucho tiempo el patriarcado dio forma en nuestra cabeza. Una lectura que, pasada por este filtro, se nos aparece como la única posible.

ARRANCAMIENTO

El arrancamiento es la separación a la fuerza de niños, niñas y adolescentes de su madre en virtud de un diagnóstico de síndrome de alienación parental o alguna de sus variantes. No es un término propiamente jurídico, sino la manera en que las madres protectoras han tratado de transmitir la violencia que supone esta medida extrema preconizada por Gardner en el marco de su «terapia de la amenaza». Mediante operativo policial, se apresa a una criatura y, en contra de su voluntad y la de su madre, se la lleva con su padre, utilizando toda la fuerza y la coerción que hagan falta. No existe preparación de ningún tipo ni acompañamiento o seguimiento posterior del impacto psicológico de esta medida sobre el niño, niña o niñe que queda bajo la entera custodia del progenitor sobre el que pende, no lo olvidemos, una acusación de violencia sexual o maltrato.

El arrancamiento empieza a fraguarse en los juzgados de lo penal. En los litigios abiertos por la denuncia de violencia sexual o maltrato, determinados informes emitidos por peritos judiciales, psicólogos y trabajadores sociales que operan con un enfoque gardneriano empiezan a hacer recomendaciones:

«Se recomienda la aceptación materna de su inclusión en un programa de intervención familiar de los servicios públicos competentes que incluya tratamiento especializado en interferencias parentales»; «se recomienda valoración de la conveniencia de mantener el régimen de custodia y de las posibles interferencias parentales»; «se recomienda la valoración de la parte custodia por posibles interferencias parentales que pueden estar afectando al desarrollo del niño y a la evolución de la relación paternofilial».

¿Cuáles son los motivos alegados? La madre tiene una «actitud obstruccionista», demuestra una «conducta obstaculizadora de la relación paternofilial» que «influye negativamente en el desarrollo psicoevolutivo del menor, causándole daño emocional»; la madre compromete «el bienestar de la menor [...] por la continua sobreexposición de la niña en el ámbito forense, junto con la continua judicialización en la que la progenitora está incurriendo».[45] Siguiendo al pie de la letra el marco interpretativo de Gardner, no se indaga sobre los motivos que impulsan el rechazo de las niñas a las visitas: «A un padre se le quiere y ya». Se da por hecho que el sufrimiento visible en los niños se deriva del proceso judicial, no de la violencia paterna que lo motivó en primer lugar, sobre la que no hay más investigaciones.

La voz de las niñas, niños y niñes queda borrada del procedimiento. No importa lo que digan o expresen. Tampoco importa que la actitud «obstaculizadora» de la madre esté directamente relacionada con la negativa expresa de la criatura a visitar a su padre, con los ataques de ansiedad, la angustia, los temblores y tartamudeos ante la idea de verle. El coraje de las niñas para decir lo que les está pasando, el coraje de sus madres para creerlas se convierten en un dardo contra su vínculo y contra la posibilidad de protección. Desde el esquema SAP, la sentencia ya está dictada. Hay historias de terror con guiones la mitad de espeluznantes.

La decisión corresponde a un juzgado de lo civil. «Se atribuye a D. .... la custodia exclusiva de la hija de los litigantes». «Se atribuye a D. .... el ejercicio en exclusiva de la patria potestad durante un tiempo de dos años computados desde la fecha de esta resolución». Una frase escrita sobre un papel que abre el abismo. ¿Tú qué harías si tuvieras la certeza de que el padre de tus criaturas ejerce violencia sexual contra ellas y la justicia las condenara a vivir con él? ¿Las entregarías sin rechistar?

Hay madres que, al leer este dictamen, deciden desobedecer: desacatar la ley para proteger a su prole. Subirse a un coche, a un autobús, a un avión y marcharse juntos muy lejos. Se convierten en prófugas. La justicia las persigue para arrancarles a sus criaturas y meterlas entre rejas. Otras siguen en su misma casa, mantienen el cotidiano igual que antes, pero no entregan a sus hijes: para ellas, es el último resquicio de resistencia que les queda, que al menos ellos sepan que hicieron todo lo posible por protegerlos, que ese recuerdo les sirva para sobrevivir en la larga

---

45 Extractos de sentencias del informe Débora Ávila *et al.: Violencia institucional contra las madres y la infancia. Aplicación del falso síndrome de alienación parental en España*, cit., en particular pp. 121, 138 y 202.

travesía que se les viene junto a ese padre con el que no quieren estar. El operativo policial las encuentra en bata, contando un cuento a la luz de la lamparita de noche. S. ni siquiera tenía noticia del dictamen el día que acudió a los juzgados con su hija. La detuvieron allí mismo: mientras la bajaban al calabozo, una pareja de policías llevaba a la pequeña con el padre denunciado por violencia sexual.

Los contextos son diferentes, pero la escena se repite: uno o dos policías armados, a veces más, arrancan a un niño de los brazos de su madre; irrumpen en su casa, en su vida, en el que ha sido su lugar de seguridad, y se lo llevan sin maleta, sin juguetes, sin explicaciones, a casa de quien ella, él, elle ha señalado como violentador; gritan y gritan: «¡Mamá!». Tal y como narra Irune Costumero:

> Ese momento fue devastador [...]. Oír a mi madre chillar: «Se la llevan, Irune, se la llevan», y oír a tu hija gritar «¡mamá!» a lo lejos [...] porque se la llevaron, se la llevaron y no nos dejaron ni despedirnos. Ese momento duele, y mucho. Te quedas muerta en vida: salí muerta de ahí, mi madre salió muerta de ahí y mi hija se fue muerta de ahí. Y aunque pasen años, no habrá reparación posible para ese daño, porque un jarrón cuando se rompe en mil pedazos tú lo puedes pegar, pero siempre se ven las grietas. Y es lo que tenemos, ese duelo constante que hace que ese jarrón jamás quede igual.[46]

N. fue arrancada de su madre con nueve años. Recuerda los años de convivencia impuesta con su padre como un infierno. Cuando ya no podía más, se escapó de la casa paterna para volver con su madre, recorriendo ella sola un trayecto de más de doscientos kilómetros. Tuvo que amenazar con suicidarse para que este regreso tuviera ratificación judicial. Habían pasado cinco años desde el fallo que le impuso vivir con un padre maltratador.[47]

Del total de casos analizados por el informe *Violencia institucional contra las madres y la infancia* donde se aplicó el SAP en procedimientos por violencia sexual contra la infancia y la adolescencia en el seno de la familia, los jueces dictaminaron arrancamientos en un 65 % de las ocasiones.[48]

---

46 Declaraciones de Irune Costumero, víctima del SAP y de los arrancamientos judiciales en el documental «En el nombre del hijo», dirigido por Teresa Martín y emitido por RTVE el 27 de octubre de 2022 dentro del programa *En Portada*.

47 Véase Sara Plaza, «Violencia sexual contra la infancia dentro de casa: hablan las víctimas», en *El Salto*, 8 de marzo de 2024, disponible en https://www.elsaltodiario.com/abusos-infancia/violencia-sexual-infancia-dentro-casa-hablan-victimas

48 Débora Ávila *et al.*: *Violencia institucional contra las madres y la infancia. Aplicación del falso síndrome de alienación parental en España*, cit.

LOS PÁRPADOS VUELTOS HACIA DENTRO

UN RELATO DE MADRES Y CRIATURAS DENUNCIANTES DE VIOLENCIA SEXUAL PATERNA

¿Cómo no darse cuenta de lo que sucede en una falda de cinco años?

Aurora Freijo Corbeira: *La ternera*

No soy un caso aislado.

Marta Suria: *Ella soy yo*

I. UNA Y MUCHAS

Me llamo Julia, Sonia, Josefa, Mercedes, Katia, Amira, Lis, Petra.[49] Tengo un hijo, o dos, o una hija, casi siempre tengo una hija. Nuestras criaturas se llaman Laura, Diana, Azucena, Joel, Pablo, Fátima, Paula. Son miles, somos miles. Si me encuentras por la calle, soy una madre más, una que desapareció un poquito detrás de la figura de sus hijos —por voluntad, por vocación, es lo-que-hacen-las-mujeres, da lo mismo mientras cumplamos el mandato patriarcal—, y también soy, básicamente, una persona, una como todas: comemos, bailamos, nos enamoramos, tenemos días malos y algunos buenos. No solemos ser visibles: en los medios de comunicación, en las instancias públicas, si se habla de las madres es para cuestionarnos, para evaluar cómo cumplimos o no cumplimos el papel que la sociedad nos asigna.

---

49   Las circunstancias aquí relatadas se basan en historias reales, pero todos los nombres que aparecen son ficticios.

En este relato somos yo y nosotras, únicas y similares, no hay una protagonista, sino una multitud. Nos encontramos con el papel de madre y este dice con letras mayúsculas: PROTÉGELOS. No sabíamos entonces, como sabemos ahora, lo lejos que nos iba a llevar este deber, que también es convicción. No imaginábamos que las amenazas a su integridad y bienestar podrían venir de muy muy cerca. Incluso aquí y ahora, cuando las han arrancado de mi lado, las estoy protegiendo, porque no he dejado de luchar por ellas. Me levanto cada día con ese único motor encendido: protegerlas, de verdad y contra todos; sacarlas de la violencia que las está rompiendo, recuperar los pedazos de mis hijes. Antes de que sea demasiado tarde.

Soy una madre como cualquiera, las circunstancias me convirtieron en madre protectora. Estoy viviendo la cara más oscura del juicio que se cierne sobre las mujeres en general y las madres en particular, que para nosotras viene en forma de castigo sin proporción. Es posible que nos veas por la calle caminando con miedo, en alerta, siempre a la espera del siguiente golpe disciplinador; pero ¿qué hicimos más allá de protegerlos? Si muchas de nosotras decimos que *vivimos en una prisión,* no exageramos. Algunas hemos acabado en una celda literalmente: Carmen, Margarita y Sofía cumplen condena ahora mismo. Otras vivimos esa prisión no demasiado figurada: el castigo de nuestras niñas es continuar viviendo con el padre que les ha hecho daño, que las violenta o amenaza, mientras que nosotras hemos pasado a vivir bajo sospecha, enjuiciadas por funcionarios, trabajadores sociales, psicólogos y jueces, colgadas de las notificaciones y las costas, esquilmadas en nuestra autoestima, maltratadas y sancionadas, y bajo la permanente amenaza de perder a nuestros hijos o terminar literalmente en prisión si persistimos en nuestra pretensión de protegerlos.

Pero no han acabado conmigo, nada más lejos. Con ninguna de nosotras. Desde donde os contamos esto, hemos visto cómo despilfarran sus recursos en desprestigiarnos, en perseguir y envilecer nuestra lucha; hemos visto toda su maquinaria institucional coordinarse para intentar obligarnos a obedecer, machacarnos, callarnos y, al final, arrancarnos de las vidas de nuestras hijas e hijos; a nosotras, las únicas que los escuchamos y creemos. Aprender esto en las entrañas —que nos acosan sin descanso por mantener el deber de protección, incluso contra el sistema— ha dado energía nueva a nuestro motor de lucha.

No nos llaméis madres coraje. Porque tenemos nombres propios. Me llamo Juana, Pilar, Luisa, Sonia, Karen y, en general, no nos veíais. En el pasado nos llamábamos Francisca, Constanza o Sebastiana, y en aquellos tiempos era mejor callar, o estábamos tan solas y aisladas que no supimos hacer otra cosa que callar. Nosotras, bien al contrario. Alzamos la voz para proteger a nuestras hijas e hijos.

No somos tan distintas de aquella que denunció que había sido violada, de aquella otra que declaró las palizas de la pareja… Algo nos quedó claro: por más que nos induzcan a la denuncia, cuando por fin damos el paso, cae sobre nosotras la sospecha de que lo hacemos por odio al hombre, por dinero, por venganza, por no sé qué ajuste de cuentas. No nos creéis. Y tampoco creéis a nuestras criaturas.

¿Qué queréis de nosotras? ¿Qué deberíamos haber hecho, en vuestra opinión? Nos pidieron ayuda y escuchamos; nuestros niños, niñas, niñes dijeron que estaban siendo agredidas y actuamos; nos interpusimos entre las personas que les hacían daño y sus cuerpos; reprodujimos sus palabras ante todas las instancias y atendimos sus demandas; confiamos en que el resto del mundo —toda esa gente con poder— se interpondría como un escudo para ahorrarles mayores daños. Pero eso no sucedió. Por tanto, nos servimos de los recursos legales y legítimos que pudimos encontrar, con el fin de evitarles más violencia. No sabíamos lo que vendría después. Silenciosamente y sin focos, caímos en la tela de araña: cuanto más intentamos protegerlas, más atrapadas estamos.

Y al final nos arrancaron a nuestros hijos.

Es difícil de creer.

No vamos a cejar.

Nos va a costar un tiempo reponernos.

Y no sabemos cuánto les va a costar a ellas.

II. LOS OJOS ABIERTOS

En ese momento arranca todo: mi hijo Joel, o mi hija Lidia, me ha dicho con un dibujo que están forzándolo, tocándolo o violándolo en casa de su padre. Que tiene miedo de ir a ese lugar, que ese padre es peligroso. O no me ha dicho nada: vuelve con magulladuras —rosadas o violetas, en los muslos o en las nalgas— de ese fin de semana que le toca por ley cada quince días. No habla, no quiere comer o come con ansiedad. Se despierta llorando por la noche, inconsolable. Aumenta su nerviosismo e irritación cuando se acerca el viernes, que es el día en que tiene que volver a ver a su padre. Comienza a rechazarme cuando tiene que bañarse: no quiere que lo desvista o lo toque. O juega con el gel de baño lanzando un chorro sobre su vientre y acto seguido me dice: «Como papá».

Me cuesta admitir siquiera la idea, lo inimaginable. Pero puede que la alarma la dé otra persona, alguien que ve lo que yo veo. Me llama la maestra por esas palabras que creyó escuchar al niño, a la niña, en clase. Consulto a la pediatra llena de dudas, coteja sus guías de síntomas compatibles, se alarma. Es posible que no me esté imaginando nada, es posible encontrar apoyos por el camino. La idea, lo inimaginable, va tomando forma en mi cabeza.

Casi enseguida aprendo que lo que solían llamar ASI (abuso sexual infantil) ahora prefieren denominarlo violencia sexual en el ámbito familiar. Mi hijo, mi hija, mis hijes sufren *violencia sexual* por parte de su padre; el adulto que debería ser su figura de protección abusa de sus cuerpos. Aunque miles han conocido y denunciado los abusos de otros adultos —maestros, curas, vecinos, tíos—, las que aquí te hablamos tenemos que darnos cuenta de que es el padre, o nuestra pareja que hace de padre, el que está violentándolas, apoyado en su acceso privilegiado a esos niños.

Algunas, Luisa, Julia o Desi, ya sufrimos en el pasado golpes, vejaciones, amenazas por parte de nuestras parejas, y las habíamos denunciado. Pedimos protección. Confiamos en las instituciones. Entonces, ¿existe un antecedente? ¿Se ha protegido a la infancia del carácter violento de esos padres? Más bien se ha abierto un antecedente contra nosotras, pero no nos apresuremos: aún somos todo ingenuidad.

Una noche de domingo mi hijo regresa de casa de su padre y está especialmente hosco y rabioso. «No me lleves más con papá», dice cuando quiero darle un beso de buenas noches. Ya no puedo seguir fingiendo que todo está bien, nada es como debería ser. En urgencias del hospital revisan al niño con mucho cuidado. Le dedican horas. Cuando acaba la exploración, los médicos se acercan y me hablan en tono bajo: esa dilatación anal no puede obedecer a otra cosa que a un intento de penetración. Estoy sentada en una silla de plástico y por eso no me caigo. Hay más daños detallados en el informe que me entregan, es claro y terminante. El servicio de urgencias va a notificar de oficio y me recomiendan que yo también vaya a interponer una denuncia. ¿Cómo no hacerlo? Esa criatura depende por entero de mí. Tengo este papel que certifica el horror al que se enfrenta mi hijo. Voy a parar el daño inmediatamente.

Lo que no sé todavía es que ese papel será solo el primero de docenas, quizá de un centenar.

Ese día abro los ojos y no puedo volver a cerrarlos: es como si los párpados se me hubiesen vuelto hacia dentro. Porque he visto señales, indicios, marcas que podrían tener cualquier explicación, pero mi hijo está expresando que no quiere estar con su padre con tres sencillas palabras: «Me hace daño». Y ahora tengo este papel. Los párpados se me han vuelto hacia dentro y ahora sé que lo que tengo que hacer es una sola cosa: protegerlo.

Aprendo a mirar de frente este horror, no puedo cerrar los ojos, pero no conseguiré el mismo efecto en los demás con mis palabras. Hablar será doloroso y angustioso; sin embargo, necesito compartirlo y no tengo miedo. Primero se lo explico a las amigas más íntimas, a mi familia. Me ofrecen un abanico de reacciones y me abrumo al escucharlas, porque en estas pocas semanas las he atravesado todas en solitario: «Eso no puede ser verdad», «Debes de estar malinterpretando», «Quizá quiere llamar vuestra atención»…

Conozco a mi hijo, ya no me van a hacer dudar. Lo que no me esperaba son estas otras respuestas: «Ni se te ocurra denunciarlo, ese hombre va a ir a la cárcel» o «Ni se te ocurra denunciarlo, porque lo vas a perder». Uno de estos vaticinios se acabará cumpliendo.

Aprendo también que algunas personas de mi entorno van a desaparecer a la de tres: esa madre de compañeras de la clase con quien siempre nos vemos en el parque, esa vecina simpática o esa prima no tienen ganas de mirar de frente la evidencia del horror flotando sobre nuestras criaturas como un espectro mientras juegan con sus hijas o hijos. Incluso es posible que nos dediquen una mirada, un comentario donde se desliza la duda y el juicio disfrazados de preocupación. No tendré mucha paciencia con algunas de estas personas. Protegerlos es lo que me mantiene los párpados vueltos hacia dentro, y la decisión está tomada. Entonces: denuncio. Denunciamos.[50]

III. EL HILO

emprendemos el periplo — nos evalúan los servicios psicosociales — tengo toda mi confianza puesta en ellos, los evaluadores van a verlo todo de una vez — nos entrevistan por separado, en momentos y días distintos — *las visitas no se realizan con normalidad desde la denuncia* — llevo divorciada dos años, tres años, siete años o he iniciado los trámites de divorcio al poco de conocer la violencia sobre mi hija — tengo los informes, van a darles protección ya mismo — *la madre afirma que la menor refiere una situación de presunto abuso sexual en el entorno de las visitas de fin de semana, basándose en juegos que el menor propone* — saco los papeles, muestro los informes, traigo las pruebas — *no ha lugar a admitir documentación en la entrevista* — en este momento toma relevancia cada pequeña cosa: si la niña faltó un día al colegio por encontrarse mal y no di explicaciones a tiempo — el informe clínico dice *dilatación anal fuera de los límites de la normalidad, compatible con dilatación reiterada a dicho nivel al perderse la funcionalidad del esfínter* — contesto todo tipo de preguntas, me muestro segura y confiada en las palabras de mi hija — *la actitud de la progenitora no se corresponde con la situación por la que dice estar pasando* — aparecen las visitas a la pediatra, una docena, acudí al médico con la niña cada vez que noté algo extraño — *la madre muestra signos de sobreprotección de la menor, la expone indiscriminadamente a evaluaciones médicas* — la niña va a la evaluación psicosocial de la mano de su padre, le tocaba en día de visita y tiene que declarar delante de tres desconocidos

---

50 La denuncia al juzgado penal es interpuesta en muchas ocasiones por el servicio de urgencias, de pediatría, los servicios sociales o el Ministerio Fiscal si han tenido conocimiento de los abusos mediante exploraciones forenses. El desarrollo de esta historia sigue el mismo patrón, independientemente de qué persona o institución lo haya notificado al sistema judicial. Véase Conceptos 4, en este mismo volumen (p. 107).

— *el relato de la menor no resulta coherente, no es posible que recuerde con tanto detalle* — cuento con todo el detalle del que soy capaz los abusos que la niña me ha relatado — *la madre ha observado minuciosamente a la niña tras regresar de las visitas, la madre magnifica y malinterpreta los comportamientos de la menor* — la causa ya tiene varios informes de los médicos forenses, solo en uno no se dio credibilidad a la denuncia — *como ha declarado el Dr. X., no hay indicios suficientes para acreditar violencia sexual* — *sospecha de implantación de falso recuerdo en la menor, posibilidad de ganancia secundaria de la madre* — el informe psicosocial a partir de la entrevista a la niña no aprecia el abuso — los papeles que hemos puesto en la mesa del juez no valen nada — dan credibilidad a la abogada del padre, afirma que tengo interés en vengarme por la nueva relación de pareja de este — la causa se archiva, sobreseída por falta de pruebas — solo es un aldabonazo, aún quedan puertas que tocar — llevo a la niña a la psicóloga, que es lo que la pediatra me ha indicado — *la madre muestra preocupación mórbida* — abro recurso en penal, como mi abogada me recomienda — se acumulan costas y minutas que pronto no podré pagar — continúo cumpliendo con las visitas, obedezco y entrego a las niñas cada quince días mientras me araño la piel del interior de mis manos — grabo a mis hijas aquel día que volvieron de la casa del padre y no paraban de llorar, tengo nuevas pruebas — *no se puede sentar a nadie en el banquillo por las palabras de una niña de tres años en un vídeo* — las palabras: «Me toca la vulva, me hace daño, me da golpes» — *sorprende que no se preguntara a la menor sobre la forma concreta en que se produjeron los tocamientos* — desestiman la necesidad de evaluar psicológicamente a la niña — hacen tres evaluaciones diferentes sentando al niño delante de desconocidos, ninguna de las entrevistas es grabada aunque las llamen «prueba preconstituida» — acudo a la evaluación con una de mis hermanas de la congregación a la que pertenezco — *la madre no tiene soporte familiar en el país, la madre da un gran peso a sus creencias* — cada pequeña cosa toma relevancia, no exactamente como esperaba: años antes interpuse denuncia contra mi pareja por agresión física que luego retiré — no tengo un trabajo estable, tengo un trabajo de alta responsabilidad, soy extranjera en esta ciudad, no tengo casa en propiedad — desde que interpuse la denuncia, el padre ya no ingresa la pensión — se reinician las entrevistas — *la madre puede estar actuando por motivaciones espurias* — la niña se estresa ante las preguntas que se refieren al padre y calla — *por la tensión que le transmite la madre, parece un discurso inducido por los adultos* — *es psicológicamente increíble* — la niña refiere en pocas palabras un episodio: «Me ha hecho daño, me ha apretado el cuello» — *no se aprecia contenido sexual en la conversación* — el niño dice que su «papá es malo» — *pero no cambia la expresión ni se muestra nervioso, discurso de contagio de la preocupación materna* — el niño tiene pesadillas, cuando le preguntan declara: «Le digo que pare y no para» — dice una funcionaria: *Eso es porque te quiere, ¿no crees?* — *los temores de la madre influyen en los hijos* — «Mamá, ¿de qué tengo que hablar hoy?» — la niña vuelve a enfrentarse a desconocidos para relatar lo que ya ha tenido que contar hasta siete veces en los últimos dos años — *el discurso de la niña es incompatible con su edad, como si se lo hubiesen dictado* — vivo medio escondida porque me he encontrado con el padre al doblar todas las esquinas — *la madre no se muestra colaboradora, no se muestra colaboradora, no se muestra colaboradora* — la causa está abierta y mis hijos no aceptan ir con el padre — el padre ha acudido al colegio acompañado de la policía y la directora les ha permitido entrar, la niña ha pataleado y ha sido arrastrada al coche de ese modo — *la madre muestra preocupación mórbida, la madre sufre un trastorno obsesivo compulsivo* — *hay ganancia secundaria* — *hay riesgo de ruptura del vínculo paternofilial* — *no existen indicios para creer y acreditar que el padre haya cometido abusos contra los hijos, existen indicios claros de que la madre es obstruccionista de la relación del padre con sus hijos, la madre no ha superado la ruptura de la relación* — *se trata de un obvio conflicto de partes, un problema de relación interprogenitores, es necesario que ambos padres y los menores inicien terapia familiar.*

Tomemos aire un momento.

Sobre la mesa común, donde compartimos desayunos, dibujos y tareas, se van amontonando los papeles que acreditan lo que estamos viviendo. Informes de servicios pediátricos, de médicos forenses, de psicólogos privados o públicos a los que hemos consultado, procedimientos de los psicosociales, citas del juzgado, notificaciones de archivo… Los portapapeles y carpetillas empiezan a ahogar el paisaje de la sala común. Todavía no estoy viendo del todo la figura que se va desenredando desde esos papeles, tardo en darme cuenta, porque… es difícil si formas parte de ella. Es otro lunes. Esta mañana llevo a la niña a una nueva exploración ginecológica, se queja de picor y dolor en los genitales, los médicos insisten en la evidencia. Voy a denunciar nuevos hechos, voy a intentarlo de nuevo. El juzgado cierra la causa, yo insisto en reabrir la investigación en penal —he tenido que aprender todo un nuevo lenguaje— una, dos, tres veces, porque no puedo mirar para otro lado, porque pueden cerrar todo lo que quieran menos mis párpados. Y en cada uno de estos ciclos que nos dejan inermes, esa montaña de papeles me tapa un poco más, a cada vuelta y a cada paso por la sala del juzgado sus dictámenes me hunden otro tanto.

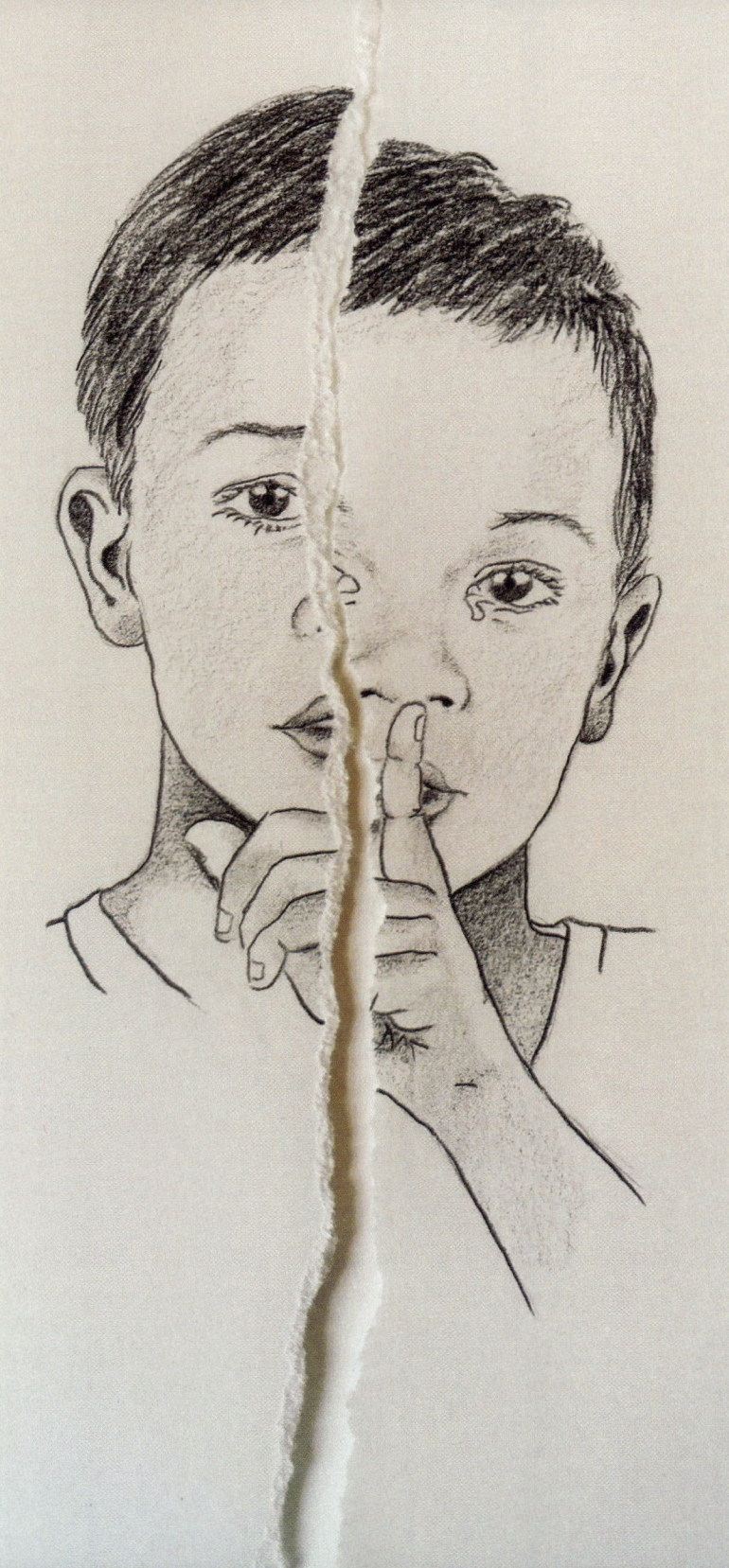

La figura que no puedo ver es una tela de araña que se está tejiendo a nuestro alrededor, atrapándonos de a poco, y que se llama SAP (síndrome de alienación parental). En el momento en que interpuse la primera denuncia al padre, cuando me preguntaban por mis rutinas o actividades, no era más que un hilo delgado y apenas perceptible; ha crecido después en todas las direcciones y me ha atrapado un poco más en cada revisión, cada vista y sobreseimiento, en todo momento en que yo persisto en creer a mis hijos. Una vez que aparece ese hilo —y aparece siempre, no tengas duda—, todo lo que hago o digo es utilizado en mi contra: soy sospechosa en cada estamento. Porque soy yo la que provoca la tela de araña y está ahí para someterme.

Para ser gráfica y breve: desde el momento en que esa red empieza a enredar sus hilos sobre nosotras, si yo veo hematomas en sus nalgas, ellos ven «manipulación»; si yo escucho a mi hija contar que el padre quiso meterse en su cama, ellos ven «desequilibrio»; si yo declaro que mi hijo me intentó besar con lengua, ellos ven «motivación espuria». Y no llega, no acaba de llegar ninguna protección para mis criaturas. Como dijo una de nosotras, es un «puñal de impotencia». Exactamente como debe de sentirse un insecto atrapado en la red de un enemigo al que no ve: todo un sistema.

Mientras me voy dando cuenta de esto, ni a la primera ni a la segunda denuncia llegan las medidas cautelares que tanto necesitamos; al no apreciarse el riesgo de violencia sexual por parte del progenitor, todo debe seguir como estaba. Sin embargo, hay pequeñas variaciones. A Luis un juzgado le dio medidas de protección, pero fueron anuladas por otro juzgado poco después, aunque estamos esperando la resolución del recurso de amparo que elevamos al Tribunal Constitucional, la cual inexplicablemente se atrasa ya más de un año. Para Susana, para Laura, sí se dictó modificación de medidas, quizá con el agravante de una condena anterior por violencia de género. De momento mantengo la custodia y al padre le conceden visitas en un Punto de Encuentro Familiar.

Hemos aprendido a apreciar cada respiro, por frágil que sea. Aún puedo vivir con ellas, mientras cumpla con las visitas pautadas los sábados a las cinco. Como ya sé que se teje sobre mí la red del SAP, también sé que cada una de mis acciones será considerada una prueba. Me veo obligada a ser colaboradora de este ritual torturante: vestir y calzar a mis criaturas, peinarlas y prepararlas para ese momento. En el vestíbulo ellas insisten en no entrar: no quieren pasar con él ni una hora. Una funcionaria que nos observa desde el pasillo anota con la mirada cada gesto que hago, cada palabra que les dirijo.

Hoy es un sábado especialmente tenso, la idea de encontrarse con su padre le hace bajar diez peldaños de autoestima y hemos pasado una mala noche. Llegamos a la sala de espera del Punto de Encuentro Familiar, mi hija lee un cuento de los que están en la mesita, pensado para hablar sobre el duelo con las criaturas: «El papá de esta niña muere, ¡qué suerte tiene!». Y continúa: «Mamá, dime algo: si pudieras elegir, ¿elegirías otro papá para mí? Cuando me tenías en la tripa, me podrías haber cambiado de padre, ¿no?». Las palabras de mi hija traspasarán las paredes de esa salita inocua y, al cabo, reaparecerán en algún informe para hundirme un poco más —*la madre se muestra obstruccionista del vínculo paternofilial*—. Si no pusiera toda mi capacidad de sugestión en empujarla hacia la puerta que no quiere traspasar, la tela de araña me lo haría saber próximamente.

Pero para la mayoría de nuestras hijas no hay protección y han de continuar las visitas en el domicilio del padre, tardes y fines de semana alternos. Algunos días, porque se niegan a estar con él, presas del miedo, incumplimos. Simplemente no aparecemos. Si los juzgados han escuchado a mis hijos, han visto las pruebas, han leído los informes y no han actuado, me tengo que interponer. Mis párpados están vueltos hacia dentro y desobedecer siempre fue un arma legítima.

Más pronto que tarde, el padre abre causa de modificación de medidas en el juzgado de familia. Solicita ostentar en exclusiva la guarda y custodia, tanto da si hace dos, tres, cinco años que apenas convive con su hija. Tanto da si los archivos de penal no significan absolución, sino falta de pruebas contundentes: él se presenta como un padre ejemplar. Entre el marasmo de procedimientos que nunca avanzan, esta causa echa a correr y el juzgado de familia nos cita en día y hora… Una fecha que resulta imposible para mi abogada, porque coincide con su comparecencia en otro juicio, en otra provincia, y yo solicito aplazamiento; es la vista en la que me quieren quitar la custodia y no creo que me merezca nada de esto después de tanto recorrido… Pero el escrito se pierde en la mesa de algún despacho y la vista se realiza de todos modos, sin mí ni mi abogada…

Todo lo que podrían considerar en este momento —los motivos por los que una niña no quiere ir con su padre desde hace tres años y las razones por las que su madre no la ha entregado en mil ocasiones— se esfuma ante sus ojos. En su lugar, aparece el SAP en el juzgado de familia y todo lo ordena: ahí lo que vemos es a un padre responsable que reclama para sí la custodia exclusiva de sus hijos. ¿Qué motivos puede tener, salvo la generosidad y la entrega que se esperan de él? ¿No le habrán comentado sus asesores que de este modo se libra de la denuncia de violencia sexual? Pues poco importa. Tampoco vamos a preguntar a las criaturas: ¿para qué los citaríamos, si esos personajillos jamás dicen nada coherente? Y esa mujer, la madre, no ha traído más que problemas. Todas sus denuncias, desestimadas; todas sus acciones, de desequilibrada; está obsesionada con llevar a la niña al pediatra. Nos está haciendo perder un tiempo precioso, no vamos a dar por válidos esos informes que nos trae —sí, todo aquello de *dilatación anal fuera de los límites de la normalidad*—, se ve claro que ella es la culpable de todo esto. Está mal de la cabeza.

Todo este tiempo el problema he sido yo. La madre. Es una explicación plausible para el sistema, mientras que la posibilidad de que el padre viole a sus hijos es inasumible, por más que existan indicios y afirmaciones contundentes a la vista, ahí entre mis cien informes. Solo por ser la madre, cada cosa que hago con la intención de evitarles más daño se convierte en una prueba que me hunde más y más.

En este punto, al cabo de nueve meses o de tres años desde la primera denuncia, corre como la brisa de verano la modificación de medidas familiares solicitada por el padre. Estoy a punto de perderlas. «Ni se te ocurra denunciar, que los vas a perder», dijo una aquella vez.

IV. EL ARRANCAMIENTO

La sensación de absurdo es peor que el miedo. Lo que estamos viviendo parece una pesadilla, esto no lo habría imaginado ni la mente más distópica. En medio del estrés, la cabeza me gira en un torbellino de posibilidades y escenarios alternativos, busco soluciones que nos permitan zafarnos de la tela de araña… Aparece una pizca de arrepentimiento: ¿podría haber hecho caso a aquellas que me recomendaban no denunciar? ¿Qué tendría que haber hecho? ¿Quedarme quietecita? ¿Hacer como que no vi nada, comportarme como Francisca o Sebastiana, callarme toda esa violencia?

No hay venda que me pueda obligar a cerrar los ojos, mis párpados vueltos hacia dentro. Decidí incumplir el régimen de visitas, de forma esporádica o sistemática. He sido denunciada por cada incumplimiento, por cada fin de semana que no entregué a mis criaturas. Ahora pesa sobre mí la amenaza de perderlas, de perder la custodia. Mientras tanto, me esfuerzo en dar un entorno de equilibrio a sus vidas, disfrutar cada momento en que escapamos a la evaluación, al juicio, al miedo a lo que pueda llegar. La única motivación que tengo es arrancarlos de la violencia. En mi cabeza también aparece la idea de que, si no hubiese actuado como lo hice, estaría perdiendo a mis hijos de otro modo. Me habría gustado ahorrarles todo esto, ¡cómo me habría gustado! Pero, en este momento, en penal hay un nuevo procedimiento abierto; hay nuevas pruebas que incriminan al padre. Por eso estamos esperando la resolución, que podría ser favorable esta vez.

Ha llegado el verano. Aunque tendría que entregar a mis hijos a su padre para las vacaciones pautadas según el tradicional reparto para una familia separada y bien avenida, me he olvidado de todo y nos hemos ido de vacaciones a un apartamento que me presta una amiga: olemos el mar desde este balcón. Estoy sentada frente a una mesa baja desayunando con mis hijas; no estoy tranquila ni a salvo, pero la luz matinal alinea algo dentro de mí y creo respirar por primera vez en mucho tiempo. Recibo una llamada, apenas atino a contestar de los nervios: es mi abogada y sé lo que anuncia. Ha llegado una notificación del juzgado de familia, me quitan la custodia con efecto inmediato y tengo que entregar a mis hijos al padre en cuarenta y ocho horas, a ochocientos kilómetros de aquí.

Dos tazas de colacao están sobre la mesa a medio terminar, y tres universos paralelos se abren bajo nuestros pies. Bajo los pies de mis criaturas, a las que solo quiero proteger, y bajo los míos. Estamos a punto de vivir un arrancamiento, más o menos violento dependiendo del universo en el que caigamos. *Spoiler:* ninguno de estos universos es positivo y ninguno tiene final feliz.

En el universo uno, la notificación no me llega nunca. Sé lo que quiere anunciar mi abogada y no atiendo su llamada; no me molestaría por otra cosa en vacaciones. Estoy siendo atrapada, con mis hijos, en la tela de araña, como mosquitas prestas para el castigo. Para el juzgado de familia, todos los elementos me señalan como fuente de problemas y objetivamente culpable; la notificación no me llega porque huyo con mis hijes. No será fácil, pero no dudo; corto comunicaciones, me invento una identidad, encuentro un lugar en el que nos sentimos protegidas.

En el universo dos, voy a persistir unos días más en el apartamento. Hago como que no recibí tal llamada, no sé nada del juzgado de familia. Intentaré encontrar una alternativa —recurrir, recurrir, no sé qué más queda— que aplace este despropósito, el absurdo que se cierne sobre nosotras. Mis criaturas y yo bajamos a la playa, ellas juegan y yo tengo la cabeza a mil revoluciones por minuto, ideando cómo salir de esta red que nos ahoga. Dejo pasar un par de días así, mirándolas jugar despreocupadas y contentas, como cualquier otro niño de vacaciones en la playa. Esa tarde, mientras nos tomamos el helado obligatorio, ya he sido denunciada por secuestro. No ha pasado una semana cuando, al tiempo que estamos haciendo juntos el plan de paseos, llaman a la puerta y son seis policías uniformados. Y me arrancan a mis hijos.

En el universo tres, recibo la notificación en la voz de mi abogada y no me doy ni tiempo para flaquear. Recojo los trastos tan rápido como puedo, subo a mis criaturas al coche y viajamos hacia nuestra separación, mientras les aseguro que no pasa nada, que no va a pasar nada; mientras me trago las lágrimas les digo firmemente que seguiré protegiéndolas y cuidándolas, que jamás voy a abandonarlas. Y me arrancan a mis hijas.

En el universo dos, con su transporte policial, su acompañamiento de uniformados y su violencia sistémica, unas criaturas son arrancadas de su madre y obligadas a vivir en la casa en la que han sido abusadas, sin supervisión ni control. En todos los universos, antes o después, ellas pasan a estar en manos de su abusador y nosotras enfrentamos juicios y penas por desobediencia, sustracción, maltrato infantil y otras causas.

Voy a regresar al universo uno un minuto antes de que la tela de araña se cierna del todo sobre nosotras: al apartamento de vacaciones, a los colacaos en la mesa. Voy a terminarlo tranquilamente con Laura, aunque se nos haya enfriado. Desde hace un tiempo prefiero el chocolate al café, desde hace mucho necesito seleccionar muy bien mis hábitos y vigilar mi salud mental, estar presente y alerta en todo momento. He visto, estoy viendo llegar la notificación del arrancamiento: algunas de nosotras decidimos, en este punto, que las consecuencias que producían nuestros actos habían perdido ya toda proporción, que habíamos sido sentenciadas sin juicio.

Algunas vimos venir el momento en que la tela de araña estaba casi completa y elegimos desaparecer justo entonces: salirnos de todos los radares, convertirnos en fantasmas, perder nuestra identidad. No se sabe por cuánto tiempo, unas niñas continuaron con sus rutinas en otro lugar, en un entorno completamente nuevo donde nadie sabía lo que cargaban. Fuimos capaces de hallar un lugar seguro donde mantener a nuestras hijas e hijos lejos de procedimientos, vistas, evaluaciones, amenazas, revictimización y control. Y violaciones.

También yo, en este universo que implica dejar atrás todo, perderé de vista buena parte de lo que cargo, las montañas de papeles y archivadores, los procedimientos a los que hemos sido sometidas, la figura que me culpabiliza y me persigue van a dejar de importar, al tiempo que veo a mi hija jugar libre de todo miedo. Aunque eventualmente reaparezcan y me toque cargar con todo aquello, aunque finalmente nos encuentren y me arranquen a mis hijos porque la justicia así lo decide, nadie nos va a quitar nunca la sensación de vivir en libertad que experimentamos durante ese tiempo.

En los otros caminos que nos esperan, los universos dos y tres, ya nos han quitado a nuestras criaturas. El juzgado de familia actúa según lo que considera un «conflicto de partes» y, en el abanico de castigos, quizá me he quedado con la posibilidad de ver a mis hijos dos horas semanales en el Punto de Encuentro Familiar; quizá me retiran por completo el derecho de visitas; puede que incluso me usurpen la patria potestad, y por tanto esté imposibilitada para comunicarme con mis hijas e hijos por orden judicial, prohibición que su padre va a cumplir escrupulosamente; y puede, además, que esté pendiente de ser juzgada por todas las veces que desobedecí la obligación de entregarlos y que en unos pocos meses me sentencien a una pena de cárcel.

El juzgado de familia se muestra ciego ante toda la violencia anterior o posterior, así que, si todavía gozo de libertad, nos obligan a realizar una terapia con un «coordinador parental» que nos reprograme, que me haga entrar en razón, porque durante años he persistido y mantenido mi convicción…, porque tengo informes, datos, descripciones, largas sesiones nocturnas con mis hijas en vela, largos y extenuantes intentos de calmar su dolor y confusión, reiteradas visitas a psicólogos y psiquiatras para mitigar los estragos… En este punto, si quiero seguir viéndolas, aunque sea vigilada por las instituciones, tengo que hacer como que nada de eso ha existido.

Ahí donde he sido hallada culpable de todo, son nuestras criaturas las que lo van a pagar viviendo en casa de su abusador; aunque también es posible que les toque cárcel si no se acomodan u obedecen y pasen temporadas en un centro de menores. Mis hijos tienen tres y cinco años y apenas conocen a su padre, mi hijo tiene siete y ha contado todo lo que le ha hecho ante docenas de evaluadores, o tiene doce y desde los cuatro sabe de lo que es capaz; también sabe de lo que somos capaces nosotras. ¿Sabrán defenderse, llegado el momento? ¿Habremos sabido transmitirles, con nuestra protección, la inviolabilidad de sus identidades, la soberanía sobre sus cuerpos? No son más que niñas y niños. Por cada persona adulta que les creyó, dos docenas los cuestionaron. Solo nos queda el pensamiento mágico. Estamos atrapadas en su red.

V. LA LARGA NOCHE

«Mami, sácame de aquí. Tengo miedo de lo que le pase al hermano». Me los arrancaron, en distintas formas, con el mismo resultado. Me quitaron la tutela de mi hija para hacerla vivir casi un año en el centro de menores —ella fue muy firme y no quería saber nada del padre, aun así me la arrancaron—. Al pequeño lo hacen vivir en casa de él. Apenas puedo ver a mis hijos.

Hablo con mi hija por teléfono: «La cárcel que no está cumpliendo papá la estoy cumpliendo yo, ¿por qué?». No tengo respuesta. Persisto en hablar con ella siempre que puedo.

El sábado a las cinco de la tarde tengo cita en el Punto de Encuentro Familiar para ver a mi hijo. Cada vez que esto sucede, he de prepararme emocionalmente. Me dedico a rutinas agradables, me peino bien, hundo la pena todo lo que puedo. Solo dispondré de dos horas, ciento veinte minutos, para hacerme una idea de cómo está, qué ha sucedido en la semana.

Hasta esa salita de paredes ocre y muebles incómodos, mi hijo ha llegado de la mano de su padre. Aprieto los dientes, estiro las comisuras, respiro hondo. Mi hijo entra. Estoy deseosa de darle un abrazo que le transmita calor, ternura; trae entre las manos un juguete que le ha regalado el padre, huele al perfume del padre, no usa el abrigo que le compré por su cumpleaños, sino otro. Me repongo. Le pregunto cuatro cosas de rutina, le miro sin seriedad pero con firmeza, pongo la voz más suave que tengo, el niño llora. «Mami, no sé por qué nos están castigando. Hice lo que debía, ¿no?». Aguanto las lágrimas, con los párpados vueltos hacia dentro. «Me dijeron que te portaste mal y por eso no puedo vivir contigo. Mamá, ¿te vas a portar bien y todo se arreglará?».

Algunos días son más difíciles que otros. Algunos días no puedo evitar quebrarme.

Siempre que puedo, les transmito que no tenemos miedo, que no tengan miedo, que sigo luchando todo el tiempo que no estamos juntos. A veces les escucho las mismas palabras que les dije yo en tantas ocasiones: «Mamá, tú eres fuerte». Otros días, me doy cuenta de que van cruzando lentamente a otro territorio, uno que desconozco por ahora. «Tengo que vivir con papá, no te puedo decir por qué».

No pueden explicarse mejor: han pasado por un duro aprendizaje que les ha enseñado que, cuando han sido sinceras y abiertas, lo que dijeron se les volvió en contra; confiaron en los adultos y esperaron que estos les ahorraran la violencia, que las apoyaran y protegieran, y en su lugar tuvieron que ser víctimas una y otra vez. Aprendieron que no hay modo de defenderse. «Mami, ¿puede que me lo haya imaginado todo?». Qué podría deciros, Irina, Paula, Amalia, Josef, si yo misma me planteo cada paso que he dado, si yo misma tengo que levantarme cada día y recordarme que tengo que sacarte de ahí, que no hay nada más importante que sacarte de ahí. Si yo misma me pregunto si podríamos haber hecho las cosas de otra forma. No importa que cambies tu versión: te escuché en su día, te escucharon muchos. No voy a dejar de luchar hasta donde pueda, te voy a sacar de esa tela de araña. O, en su defecto, voy a seguir recuperando los pedazos que te arrancaron, para devolvértelos todos de una vez algún día.

Algunas de nuestras criaturas, por mera supervivencia, reordenan las piezas en su interior, desde la indefensión aprendida que les han cosido al cuerpo cada vez que no fueron protegidas. Que nos culpen es, en algún punto, de lo más razonable. ¿Quién es mi hija, quién será mi hijo cuando todo esto acabe? Me voy dando cuenta, poco a poco, de que el día en que pueda vivir con ellas o simplemente salgan de ahí —cuando lleguen a la edad legal para emanciparse— nada habrá terminado, todo estará por empezar.

Estoy llegando a un punto en que no pueden hacerme nada que no me hayan hecho ya. He vendido todo lo que podía vender para pagar las deudas con la justicia y me he quedado sola, pero no estoy sola. Me rodean docenas de mujeres, otras madres que se han visto atrapadas sin remedio en la tela de araña. Ellos nos acosan, nosotras nos acompañamos. Acumulamos todos los desprecios y ninguneos del sistema y hemos visto el ciclo repetirse una y otra y otra vez; por eso, porque no pueden hundirnos más, nos vamos a exponer al siguiente ciclo. Ha pasado el tiempo, el juzgado de familia me las quitó y el juzgado de familia me las puede devolver. Reclamo cambiar el régimen de visitas y salir del Punto de Encuentro, en el que llevamos años de maltrato. Reclamo recuperar a mis criaturas. Nadie las escuchó en su día, es hora de que alguien lo haga. Pero mis hijas o hijos de entonces no son los mismos ahora.

Ahora dicen: «Esto me lo inventé». Ahora dicen: «Esto me lo dijo mi madre». Las palabras son estas u otras. Debería haberlo previsto, pero el choque no es menor: mi hija lleva cuatro años viviendo en el domicilio del hombre que la violentó, con él, con su pareja actual, con sus abuelos paternos y el resto de su familia; cuando llega el momento de la vista en la que evalúan la posibilidad de devolvérmela, es ella la que dice que no. Nadie la creyó cuando declaró con tres años, con cinco, con nueve. Cuando declara ahora, dice exactamente lo que la tela de araña quiere escuchar. Y es creída.

Desde que me vi obligada a vivir sin mi hija, sin mi hijo, fluyen en mí como un torrente todos los castigos recibidos, pasados y presentes. Sufro ansiedades, depresión, fibromialgia, cefaleas, soriasis, artrosis, dolores articulares, insomnio, apatía o dermatitis. Se me aflojan los dientes. Pero solo los de la boca. Pasarán los años y tendremos que acostumbrarnos a que crezcan lejos; persistiremos en la visita semanal, veremos de lejos cómo llegan a la pubertad, cómo se convierten en adolescentes, cómo les sale el primer grano, cómo les llega la primera regla, sufriremos indeciblemente por no estar presentes; ¿querrán tener novios, novias, tontear, flirtear, se enamorarán o estarán demasiado rotos y habrán perdido toda confianza en el prójimo? Por el contrario, ¿desearán tener las vivencias corrientes, la vida corriente de las chicas y chicos de su edad?, ¿querrán olvidarlo todo, y para ello a lo mejor olvidarse de sí mismas, rechazarse a sí mismas, rechazarnos también a nosotras? Nosotras no cejaremos. Si solo puedo hablarle por whatsapp, si solo puedo verla dos horas por semana, si tengo prohibido todo contacto con mi hija, ahí voy a estar siempre para poder decirle, incluso con el pensamiento: «Sigo aquí. No pienso parar, no mientras esté viva».

También nosotras reordenamos las piezas. Del modo que sea, encuentro alianzas para poder sobrellevar la semana, el mes, el año, cuando no tengo ni siquiera derecho a hablar con la tutora del instituto, porque me vi privada de patria potestad hace cuatro años. Reordenamos todo día tras día, por mera supervivencia, y aunque por el camino hayan quedado todos aquellos que no nos creyeron, habré ganado a muchas otras y otros, los que entendieron que no había nada más importante que sacarlos de la violencia. Tendremos que convivir con la difamación en la prensa, con el descrédito a nuestras acciones, con escuchar a nuestras espaldas: «Algo más habrán hecho»; tendremos que apretar fuerte los dientes y continuar reelaborando lo vivido, subsistir a pesar de todo y seguir recogiendo en la memoria los pedazos de nuestras criaturas maltrechas, violentadas, revictimizadas.

VI. EL OTRO HILO

Soy una mujer que se niega a vivir como víctima. Me gusta divertirme, enredarme y mantenerme cuerda para seguir recuperando los pedazos de esas personas que me han sido arrebatadas o a las que yo fui arrebatada, sin poder protegerlas como deseaba. Acudo a pilates, a bailar salsa, a cenar alguna vez con una amiga. Muchas de las personas con las que me junto ahora han pasado por lo mismo que yo, no hay juicios entre nosotras. Sigo recibiendo notificaciones alguna vez y no suelo mirar mucho mis finanzas, porque simplemente estoy arruinada. Me entrometo con otras mujeres del barrio, me cuentan sus vidas casi siempre con aderezo de violencia, intercambiamos teléfonos de abogadas y recursos para asesorarnos, nos hacemos alguna broma y muchos apaños. He aprendido mucho del mundo en este tránsito. No tengo miedo en absoluto.

Soy Sofía, Laura, Virginia, María, Sonsoles, Yolanda, Amira, Paloma, Gracia, Mercedes, soy una de ellas y todas a la vez. Les traje el relato de cómo caí con mis hijas e hijos en la tela de araña. Mientras trataba de protegerlas de la violencia, haciendo lo que me salía de dentro y lo que la sociedad entiende que debe hacer una madre, me hundí, manoteé en el vacío, me pegoteé y enredé en centenares de hilos, me vi paralizada, y al final de todo esto me arrancaron a mis hijas e hijos. Ellas, por su lado, cayeron en otra red.

Soy una madre, como tantas, y soy una que tuvo que aprender muy a las malas que nuestro papel tenía otras palabras cosidas en el doblez: por una cara dice: «Protégelos», por la otra se lee: «El poder del padre de familia es intocable». Estamos, todas las que os hablamos, atrapadas de igual modo: creímos que nos escucharíais mejor si os hablábamos todas a la vez. Cuando hemos intentado contar una de estas historias particulares siempre nos encontramos incredulidad o prejuicio: *Eso no pasa en nuestro país, estás muy equivocada, es que has tenido mala suerte.* Somos una mala suerte con elevadas estadísticas.[51]

Si nosotras nos hemos quedado sin hijas e hijos, no imagináis cuánto les han arrebatado a nuestras criaturas. Hace no demasiado tiempo que pensamos en las niñas y niños como sujetos con derechos, amparados por declaraciones y leyes internacionales, y aún hoy, en cada rincón del mundo, las criaturas son desoídas y desacreditadas, amén de vendidas y compradas y utilizadas para diversos fines. Como mujeres que hemos visto muy de cerca lo poco que importan sus palabras cuando denuncian la violencia paterna, nos convertimos en expertas en derecho internacional, recopilando cada vulneración de derechos humanos a su infancia y a nosotras como madres. Continúo luchando para verlas algún día fuera de esa cárcel, aunque tenga que esperar a su mayoría de edad, aunque por el camino deje de saber en quiénes se han convertido, si han conseguido mantener algo de su integridad, del tiempo en que las protegíamos. No pensábamos en ser castigadas por obedecer ese deber.

¿Va a pagar alguien por todo este daño? Todos los profesionales y colaboradores con poder en la tela de araña aplastante que nos ha separado algún día van a bajar la mirada ante ellos, van a arrepentirse por la tortura que les infligieron: esas que fueron criaturas van a remontar desde sus prisiones, se harán preguntas, querrán saberlo todo y acabarán recordándolo todo; nosotras les estaremos esperando para que puedan contar con nuestra alianza, con nuestro apoyo, para recomponer sus pedazos rotos. O quizá este pensamiento es muy inocente y jamás nadie pagará la tortura infligida, pero ahí estaremos. Cada una de nuestras acciones hablará por nosotras.

Algún que otro domingo, a veces, ella se niega a cogerme la llamada semanal, o tengo claro que en otra habitación alguien más está supervisando la comunicación; cada semana es una montaña rusa y algunas veces no insisto más. También estoy pendiente de una sentencia que hemos recurrido en el Supremo, y cualquier día me toca llamarla desde la cárcel y sabré que lo sabe antes de que se lo pueda contar, porque lo ha visto en las noticias. Además, pasamos una mala racha cada vez que estoy invitada en un foro, en un congreso o una conferencia sobre los derechos de la infancia y la violencia institucional sobre nosotras. Nunca decimos nombres, pero nuestras apariciones llegan hasta sus oídos.

No vamos a parar, no mientras estemos vivas. Entendemos que nos desconozcan y se sientan confundidas, entendemos todo lo que han pasado y están pasando, nos arranca-

---

51 Véanse los datos de las notas 2 y 3, en el prefacio de este cuaderno (p. 12).

ron a nuestras criaturas, pero no pudieron cerrarnos los ojos. Quizá, solo quizá, algún día lograremos desasirnos de esta tela de araña paralizante que nos separó y nos enjuició cuando solo intentábamos protegerlas. Allí donde hubo una madre protectora, allí estaremos para cuando esos niños y niñas se hagan las preguntas y necesiten las respuestas, para el día en que se alcen y consigan salir de una vida marcada por la violencia.

Nadie debería verse obligado a vivir así. Cuando salgáis de todo esto, Álex, Marta, Camila, Álvaro, Ana, Paula, Alejandra, sabed que solo quisimos protegeros.

CONCEPTOS 2
VIOLENCIA SEXUAL PATERNA EN LA INFANCIA Y LA ADOLESCENCIA

Miradas, tocamientos, mordiscos, penetraciones impuestas. Quitar la ropa, registrar mediante fotografías o vídeo, exhibir a la fuerza. Adulto obliga a niña o niño o adolescente: «Si no te mueves, te compraré ese juguete que tanto te gusta»; «Si no gritas, te llevaré a París». O no obliga, sino sencillamente persuade, anima a un «juego»: «Esto será un secreto entre tú y yo». Lo grave no siempre es el gesto, el tipo de movimiento, la zona del cuerpo, sino su dinámica objetualizadora: utilizar al niño o a la niña como objeto de satisfacción de las necesidades o deseos sexuales del adulto, sin que importe el impacto sobre esa persona en crecimiento. Lo grave, sobre todo, es que suceda en el hogar, un lugar que debería ser de cobijo, abrigo, sostén. Lo gravísimo es que el agresor sea la misma figura que te cuenta cuentos antes de dormir, te lleva al cine o te trae caramelos, esa figura que está ahí, con todos sus derechos y deberes sobre ti, para protegerte y cuidarte.

La violencia sexual contra infantes y adolescentes ejercida en el seno de la familia es un hecho traumático. Lo es en tanto que experiencia abrumadora que crea sentimientos de impotencia, vulnerabilidad, confusión, pérdida de seguridad y de control. Lo es aunque sea un único episodio, si este tiene una alta intensidad; también cuando se trata de episodios de baja intensidad que se producen con mucha frecuencia y que, por tanto, inducen un estado de alarma permanente. El hecho de que el agresor sea el padre, alguien de quien el niño depende material y afectivamente, agrega una intensidad específica al trauma. También la imposición del secreto: «No se lo digas a nadie». De la culpabilización: llamarlo «nuestro juego». Como si la niña tuviera elección, como si hubiese consentido, como si tuviera algún tipo de escapatoria que no fuera fallida.

La violencia sexual contra criaturas y adolescentes en el seno de la familia implica un abuso de poder. De hecho, cuanto mayor es la diferencia de edad entre persona agresora y persona agredida, cuanto más peso tiene el agresor en la estructura familiar, mayor es el impacto psíquico de la violencia sexual, más indelebles sus huellas. Porque es entonces cuando la sensación de vulnerabilidad e impotencia es mayor. Miedo, pesadillas, confusión, sentimientos de culpa, vergüenza, ira, desregulación emocional, dolor de estómago, problemas de concentración, dolor de cabeza, trastornos en el sueño y en la alimentación, odio al propio cuerpo, depresión, fobias, ansiedad, comportamientos autoagresivos y autodestructivos, disociación… Varios de los síntomas asociados al estrés postraumático aparecen en las personas que han tenido que atravesar violencia sexual en la infancia. Los peores efectos se pre sentan cuando el agresor es la figura paterna.[52]

Si elegimos hablar de violencia sexual contra la infancia y la adolescencia en el seno de la familia y no de abuso sexual infantil, incesto u otras denominaciones comunes es para hacer hincapié en lo que este hecho tiene de violento y vincularlo a esa estructura de adueñamiento de los cuerpos que se llama patriarcado. En efecto, al igual que sucede en otras formas de violencia machista, la matriz legitimadora de la violencia sexual paterna es patriarcal: el derecho indiscutible del macho dominante a disponer del cuerpo y de la fuerza vital de quienes tiene por debajo —mujeres, niñas, niños, niñes, adolescentes—; el derecho del *pater familias* a hacer lo que le plazca con lo que considera suyo. Un imaginario de *Lolitas,* de niñas lascivas que buscan provocar al padre, de amores incestuosos «correspondidos», viene a legitimar estos actos de violencia sexual en el caso de las niñas y las adolescentes. «Yo estaba loco por ella y ella estaba loca por mí», dice Woody Allen en sus declaraciones al hilo de la agresión sexual a su hija de siete años.[53] «Se suele considerar que el niño sexualmente abusado es la víctima, a pesar de que puede que el niño iniciara los encuentros sexuales seduciendo al adulto», escribe Richard A. Gardner.[54] Entonces, ¿por qué las pesadillas, el miedo, las fobias, la ansiedad, la disociación de las niñas, niños y niñes que se han visto expuestas a estos «encuentros»? Ahora que las personas supervivientes de esta forma específica de violencia sexual están conquistando una voz pública se hace más difícil sostener estos retratos edulcorados del horror.

La violencia sexual contra criaturas y adolescentes en el seno de la familia constituye un hecho social transversal no tan minoritario como pudiera parecer: se presenta en todas las capas sociales, tanto en el ámbito rural como en la ciudad. A falta de registros oficiales, es difícil conocer su magnitud exacta. «No soy un caso aislado —escribe Marta Suria, superviviente de violencia sexual continuada a manos de su padre—.[55] Así me lo confirman las estadísticas. Soy una de cada cuatro, parte del 23 % de niñas que en España son víctimas de abuso sexual infantil». Un estudio reciente de la Universidad de Málaga, centrado en España, supera dicha estimación, elevándola a dos de cada cinco criaturas.[56] Como ya hemos dicho, el

---

52 Joan Montané Lozoya (2008): *Los niños que dejaron de soñar. Secuelas del abuso sexual en la infancia*, Madrid: Mandala Ediciones.

53 Fragmento de la autobiografía de Woody Allen (2020): «A propósito de nada», Madrid: Alianza Editorial, recogido en la serie documental de Kirby Dick y Amy Zering (2021): *Allen vs. Farrow.*

54 «The sexually abused child is generally considered to be the victim, though the child may initiate sexual encounters by "seducing" the adult» (Richard A. Gardner, 1986: *Child Custody Litigation: A Guide for Parents and Mental Health Professionals,* Cresskill, Nueva Jersey: Creative Therapeutics, p. 93).

55 Marta Suria (2019): *Ella soy yo*, Madrid: Círculo de Tiza, p. 15.

56 Marta Ferragut, Margarita Ortiz-Tallo y María J. Blanca (2021): «Prevalence of Child Sexual Abuse in Spain: A Representative Sample Study», en *Journal of Interpersonal Violence,* pp. 1-20.

Consejo de Europa sitúa el dato en una de cada cinco.[57] Entre la mitad y tres cuartas partes de ellas habrían vivido la violencia sexual en el seno de la familia.[58] El agresor sería el padre (24 % de los casos), la pareja de la madre (18 % de los casos), el abuelo (12,2 % de los casos) o la expareja de la madre (4,69 %).[59]

La mayoría de los datos son estimaciones a partir del análisis de sentencias, pero sabemos que muchas de estas vivencias nunca llegan a los tribunales. «Soy una de cada siete, los casos que se denuncian», prosigue Marta Suria.[60] «En el momento en que escribo, se presentan ocho denuncias al día. Pero yo soy parte del escaso 30 % de quienes consiguen llegar a juicio». Sí, la impunidad es la regla en este contexto. Save the Children calcula en un 72 % los sobreseimientos, lo que equivale a tres de cada cuatro casos denunciados de violencia sexual contra menores. Cuando el agresor es el padre, la impunidad se dispara: si bien el progenitor aparece como responsable en un 24 % de las denuncias, supone el 40 % de las absoluciones.

Cuando la verdad aterra, cuando se sitúa en las miasmas de lo impensable, pareciera mejor olvidarla. Enterrarla en las murmuraciones, reducirla a fantasía o invento. Pero, para ello, algunas tienen que olvidarse de sí mismas. Morir por dentro.

SUPERVIVENCIA (ESTRATEGIAS DE)

REVELACIÓN

La mayoría de criaturas y adolescentes que sufren violencia sexual en sus familias guarda el secreto. El miedo sella sus labios. Miedo a que nadie los crea, a que se les culpe de lo sucedido, a que se cumplan las amenazas; miedo a romper los equi-

---

57 Consejo de Europa: campaña One in Five («uno/a de cada cinco»), disponible en https://www.congress-1in5.eu/ (consultado por última vez en diciembre de 2023).

58 A partir del análisis de doscientas sentencias judiciales por violencia sexual, Encarna Bodelón establece que en el 75,36 % de los casos los agresores eran los abuelos, amigos, pareja, expareja, padre, pareja de la madre, primo, profesional de la enseñanza, tío, conocido. Véase Encarna Bodelón (coord.), 2023: *Agresiones sexuales, argumentaciones jurídicas y estereotipos*, Dykinson. Themis cifra en el 47 % el abuso intrafamiliar. Véase Themis (2019): *La respuesta judicial a la violencia sexual que sufren los niños y las niñas*, Delegación de Gobierno contra la Violencia de Género, disponible en https://violenciagenero.igualdad.gob.es/violenciaEnCifras/estudios/investigaciones/2020/respuesta_judicial.htm

59 Véase Save the Children (2021): *Los abusos sexuales hacia la infancia en España*, disponible en https://www.savethechildren.es/actualidad/analisis-abusos-sexuales-infancia-espana. A partir del análisis de 432 casos y sus respectivas sentencias, Save the Children establece que «alrededor del 84 % de los abusadores son conocidos, en mayor o menor grado, por los niños y las niñas. Entre los espacios más comunes destaca el entorno familiar con casi la mitad (49,5 %) de los casos analizados, donde alguno de los perfiles de abusador más frecuentes son: el padre (24,9 % del total del entorno familiar y 12,3 % del total); otro familiar no identificado (19,7 % del entorno familiar y 9,7 % del total); la pareja de la madre, típicamente masculina (18,8 % del entorno familiar y 9,3 % del total); el abuelo (12,2 % del entorno familiar y 6 % del total); o el tío (6,6 % dentro del entorno familiar y 3,2 % sobre el total)».

60 Save the Children (2021) sitúa en el 15 % los casos que logran llegar a juicio. La Fundación ANAR (2021) habla de un 15 %. Véase Fundación ANAR: *Abuso sexual en la infancia y la adolescencia según los afectados y su evolución en España (2008-2019)*, disponible en https://www.anar.org/wp-content/uploads/2021/12/Estudio-ANAR-abuso-sexual-infancia-adolescencia-240221-1.pdf

librios, la postal de familia feliz, el mundo conocido. Cuando el agresor es una figura de autoridad o apego, están también las sensaciones ambivalentes, la confusión, los mensajes contradictorios, la vergüenza.

A pesar de todo, hay niños y adolescentes que lo cuentan. Puede que hablen sin querer, por las señales inequívocas de la violencia sexual en sus cuerpos, por determinadas frases, dibujos o juegos cuyo contenido es ya de por sí revelador. Pero los hay también que hablan queriendo. En general, este tipo de confesiones intencionadas tienen más probabilidad de darse cuando existe un espacio en el que sienten seguridad o ante algún evento detonador: una charla sobre educación sexoafectiva en el aula, alguna imagen de sexualidad explícita en la televisión o en la prensa, la noticia de que el agresor va a visitar la casa familiar después de un tiempo sin hacerlo... Las revelaciones voluntarias se dan más fácilmente cuando hay una figura de referencia, autoridad y confianza, ya sea la madre, otro familiar, un educador...; ya entrada en la adolescencia, puede tratarse también de un amigo, amiga o confidente.

Sea como sea, estas confesiones voluntarias suelen buscar validación: que otro ser humano escuche las sensaciones de confusión y vulnerabilidad que la violencia sexual genera, que entienda y nos ayude a entender la impotencia y la ambivalencia, que nos reconozca el derecho a que aquello no nos guste. Buscan también protección, la posibilidad de poner fin a la violencia. De la reacción con la que se encuentren las niñas y adolescentes que sufren violencia sexual paterna ante sus primeras revelaciones, de si reciben validación y protección o, por el contrario, incredulidad, culpabilización e indefensión, dependen muchas cosas. Depende, sobre todo, la posibilidad misma de conquistar algo parecido a la tranquilidad y la confianza en los demás, durante la infancia y la edad adulta.

RETRACTACIÓN

De acuerdo con el Instituto Iberoamericano del Niño, la Niña y Adolescentes, la retractación es «el abrupto cambio de versión brindado por un niño, niña o adolescente tras haber relatado una situación de maltrato, de cualquiera de las formas posibles acorde a su desarrollo evolutivo (palabra, juego, dibujo, etcétera)».[61] En ocasiones, una criatura o adolescente verbaliza o transmite lo vivido y se encuentra con que el mundo adulto no la cree o se muestra indiferente. Otras veces se ve obligada a afrontar largos procesos judiciales, con una drástica ruptura de su mundo conocido, separada de su madre, de parte de su familia, amigas y amigos, de sus juguetes, de su vida. En estos casos, puede cambiar abruptamente su versión de los hechos.

---

61   Instituto Interamericano del Niño, la Niña y Adolescentes (Organización de los Estados Americanos, OEA), febrero de 2018: *La retractación de niños, niñas y adolescentes víctimas de maltrato, en el marco de un procedimiento judicial. Sensibilizar a las instituciones para no revictimizar,* disponible en http://iin.oea.org/boletines/especial-violencia/pdfs/Articulo-sobre-retractacion.pdf

Ante la evidencia de que no se le cree, de que se le culpabiliza, ante la sensación de estar poniendo en grave peligro la integridad familiar o ante el calvario de interrogatorios que le obligan a volver una y otra vez sobre hechos traumáticos, la niña o adolescente puede llegar a declarar que todo ha sido un invento, que se equivocó o que estaba muy enojada y por eso mintió. Es su tentativa de acabar con el infierno desatado tras la revelación, de volver a la «normalidad» anterior al sinfín de procedimientos judiciales, entregando su propio cuerpo a cambio, rasgando su percepción de sí y del mundo que le rodea, ofreciendo su propio sometimiento para salvar el vínculo con aquellos de quienes depende.

La retractación puede producirse en virtud de múltiples variables. Cuanto más próximo es el vínculo que une a la criatura o adolescente con el agresor, mayores son los sentimientos de ambivalencia y culpabilidad por acusar a una figura de supuesta protección y mayor el deseo de desdecirse. Las presiones o coacciones que realizan el propio agresor o su entorno también tienen una influencia decisiva, sobre todo si la violencia sexual proviene del entorno de confianza y no se toman las medidas para alejar a la víctima de quien la agredió o continúa agrediendo. La victimización secundaria que sufren les niñes y adolescentes durante el proceso judicial favorece el deseo de abandonar esta vía, negando todo lo que una vez se dijo, con la esperanza de volver a la casilla de salida.[62]

La doctrina jurídica conoce y reconoce los motivos que puede haber detrás de una retractación infantil. Sin ir más lejos, la Fiscalía General del Estado sostiene en una circular de 2009 que es «habitual» que las criaturas y adolescentes víctimas de abusos sexuales se vean presionadas «por sus sentimientos de culpa y por el sufrimiento de sus familiares», y que sientan «la responsabilidad de proteger o dañar a su familia, lo que puede generar falsas retractaciones».[63] El Tribunal Supremo, en su sentencia núm. 3/2024, reconoce en un caso de retractación que esta «obedece a la conjunción de la presión, explícita o tácita, del entorno familiar a raíz de la forzosa salida del padre del hogar, de la que la madre y el hermano responsabilizan a [la niña violentada], de los sentimientos ambivalentes de esta hacia quien tenía por un padre y sigue

---

62 Véanse, entre otros, Instituto Interamericano del Niño, la Niña y Adolescentes: *La retractación de niños, niñas y adolescentes víctimas de maltrato*, cit.; Sandra Baita y Paula Moreno (2015): *Abuso sexual infantil. Cuestiones relevantes para su tratamiento en la justicia*, Montevideo: UNICEF-CEJU-FGN, disponible online en https://www.bibliotecaunicef.uy/opac_css/index.php?lvl=notice_display&id=131

S. R. Stanley (1989): «Disclosure of Sexual Abuse. The Secret is Out — What Now?», en *Journal of Child and Adolescent Psychiatric Nursing*, vol. 2, núm. 4, pp. 271-295. Sergio Óscar Libera Medina (2020): «Cronicidad, progresividad, denuncia tardía y retractación: factores psicosociales que interpelan el tratamiento jurídico del abuso sexual intrafamiliar hacia niños, niñas y adolescentes», en *Documentos de Trabajo Social (DTS). Revista de Trabajo Social y Acción Social*, núm. 63, pp. 70-96, Málaga: Colegio Profesional de Trabajo Social.

63 Fiscalía General del Estado, *Circular 3/2009, de 10 de noviembre, sobre protección de los menores víctimas y testigos*, referencia: FIS-C-2009-00003, disponible en https://www.boe.es/buscar/doc.php?id=FIS-C-2009-00003

considerando "superbueno" y de su propio sentimiento de culpabilidad por las consecuencias de su revelación».[64] Pese a ello, la cultura de la incredulidad sobre la que se sostiene la violencia sexual en el seno de la familia y la falta de formación sobre psicología infantil hacen que, en la mayoría de los casos, el mundo adulto se agarre a este momento de la retractación para borrar todas las declaraciones anteriores.

Esas mismas niñas y adolescentes que no fueron creídas cuando narraron sus experiencias de abuso son creídas a la primera en el momento en que se desdicen. No se abre una investigación sobre lo que ha podido motivar este cambio abrupto en el relato infantil. Se prefiere, por el contrario, dar mayor credibilidad a esta última declaración, considerándola la prueba irrefutable de que la violencia sexual nunca se produjo.

El mundo adulto se contenta así pensando que todo ha sido una fantasía infantil. De este modo, se cierra el círculo de impunidad para el agresor y de máxima vulnerabilidad para la víctima. Doblemente victimizado, primero al sufrir la violencia sexual y luego al tener que retractarse ante la incredulidad y la ferocidad con la que se topa, el niño recibe un claro mensaje: no hay modo de escapar al sometimiento, solo queda sobrevivir.

Entender la retractación es un paso clave contra la impunidad, pero sobre todo para comprender, acompañar y proteger a la criatura violentada en su proceso de estabilización emocional.[65]

DISOCIACIÓN

Cuando el silencio se impone o cuando, a pesar de la revelación, la protección o la validación no llegan, cuando la violencia sexual se repite, cuando sucede en el mismo espacio en el que la criatura come, vive y duerme, solo queda la propia capacidad de sobrevivir. Muchos niños, niñas, niñes, adolescentes describen las estrategias que utilizaron para evitar el acercamiento de su agresor: esconderse cuando le oían llegar a casa, evitar quedarse a solas con él o, si aparecía en su habitación, hacerse los dormidos, taparse la cara con la manta o darse la vuelta hacia la pared. No obstante, dada la familiaridad, la diferencia de edad y poder y el uso de violencia, coerción o amenaza, la mayoría de las veces el escape físico real falla y la violencia sexual se perpetúa en el tiempo.

---

64 Tribunal Supremo de Justicia, Sentencia núm. 3/2024, 10 de enero de 2024. Véase el texto íntegro en https://vlex.es/vid/977115455?from_fbt=1&forw=go&cpi=508252&fbt=webapp_preview&utm_source=mailchimp,Accounts%20Former/Prospect%20ES%20Netsuite&utm_medium=email,email&utm_campaign=jurisprudencia,a63b25bdb2-boletin_actualidad_COPY_01&utm_term=0_922d9983da-a63b25bdb2-42955525

65 El Instituto Interamericano del Niño, la Niña y Adolescentes insta por ello a la sensibilización de todos los estamentos involucrados (judicatura, fiscalía, abogacía, colegios de psicólogos y psiquiatras, personal técnico, etcétera) en torno al fenómeno de la retractación. Véase Instituto Interamericano del Niño, la Niña y Adolescentes: *La retractación de niños, niñas y adolescentes víctimas de maltrato*, cit.

Ahí donde no hay escapatoria, la respuesta puede ser el escape mental: «irse» con la mente, disociarse. Quienes han podido hablar de ello, cuentan, por ejemplo, que repasaban mentalmente las tablas de multiplicar, pensaban en los deberes del colegio o simplemente se concentraban mirando el techo, una ventana o un juguete cualquiera, alejando así el foco de su atención de lo que les estaba sucediendo. Se dice que la disociación cumple determinadas funciones «protectoras»: al desconectarnos de lo que nos pasa aquí y ahora, nos protegemos del dolor físico y psíquico, generamos una barrera para preservar partes de nuestro ser intactas, encapsulamos el conjunto de hechos y sus afectos asociados para arrinconarlos en nuestra conciencia. En condiciones de extrema dureza, las personas pueden olvidar experiencias completas que, a la edad o en las condiciones en las que las vivieron, es imposible sostener.

La disociación nos permite además acomodar afectos discordantes, aparentemente incompatibles entre sí; por eso se presenta con tanta frecuencia en situaciones de violencia sexual paterna. En palabras de la especialista en trauma Sandra Baita:

> En la cabeza de la nena abusada, papá da regalos y también lastima. Cuenta cuentos, pero tapa la boca. ¿Cómo guardar dentro de sí misma esas dos imágenes tan diferentes de una misma persona? Empieza por guardar cada parte de ese otro que genera amor y dolor en dos compartimentos diferentes. En cada uno de ellos irá guardado también el recuerdo de cada episodio, de cada experiencia. Así hará corresponder al papá «bueno» con los cuentos y los caramelos, y al papá «malo» con la sangre, el dolor y el silencio.[66]

Si bien la disociación empieza como una estrategia útil de defensa cuando toda defensa parece vana, puede llegar a instaurarse como mecanismo automático que se dispara ante determinados olores, sabores, palabras, presencias que traen a la memoria los hechos traumáticos.

Cuando la violencia sexual no es un episodio aislado, sino que se repite durante meses e incluso años, su cronicidad refuerza la disociación y las estructuras internas disociadas pueden llegar a cristalizarse, hasta escindir la propia percepción del yo: la niña puede llegar a decirse: «Esto no me pasa a mí, le pasa a otra persona». *Ella soy yo,* el libro en el que Marta Suria narra su propia historia, es la crónica de un reencuentro: el de la Marta adulta con la niña violada durante años por su padre,

---

66 Sandra Baita, «Defensa disociativa en niños y adolescentes que sufrieron abuso sexual infantil», en *Revista de Psicotrauma para Iberoamérica,* vol. 3, núm. 1, marzo de 2004.

cuyas experiencias tuvo que colocar en un compartimento apartado de su psique para sobrevivir, hasta que el tabique duramente elevado se derrumbó repentinamente y la memoria la arrolló, descomponiéndola por dentro.[67]

MADRES PROTECTORAS

Madres protectoras son aquellas que no miran a otro lado ante la violencia sexual paterna. A pesar de su propia perplejidad, ante la confesión de su hijo, hija o hije o ante las señales inequívocas de la agresión en sus cuerpos, se documentan, investigan y contrastan con profesionales. Enfrentadas con pruebas tan irrefutables como abrumadoras, toman la determinación de proteger a sus criaturas. Rompen así con una larga historia de silencio, en la que, cuando los padres violaban a las hijas, las madres callaban.

Se topan en el proceso con la incredulidad feroz de quienes las rodean, con un sistema judicial que las pone contra las cuerdas, que escudriña su vida con lupa, que las considera más sospechosas que el padre acusado de agresión. Se enfrentan a una cultura patriarcal que las demoniza, las trata de enfermas, obsesivas, histéricas, locas, con el objeto de negar la violencia sexual paterna que a todas luces se está produciendo.

Inician una larga travesía que incluye procesos judiciales eternos, cantidades ingentes de dinero, pérdida de custodia y reducción del contacto con sus hijas a breves visitas supervisadas en un Punto de Encuentro o a llamadas y videollamadas. A veces, incluso, cuando se atreven a llevar el deber de protección más allá de lo que dicta un sistema judicial profundamente adultocéntrico, ven cómo se les retira la patria potestad, se les obliga a pagar multas, costas e indemnizaciones desorbitadas y se las condena a la cárcel como «secuestradoras de niños».

Incluso con la vida rota, arruinadas, separadas a la fuerza por haber osado desafiar regímenes de visitas que a su juicio comportaban un riesgo, siguen poniendo a sus criaturas en el centro: por ellas se mantienen cuerdas y en lucha; ante ellas no exponen su propio sufrimiento, no actúan como víctimas, emprenden una y otra vez el viaje emocional para conectar y empatizar con lo que las criaturas viven, con su momento psíquico, con su necesidad de sobrevivir ante todo, de conquistar momentos de alegría. En el hilo de comunicación que logran mantener, les transmiten energía, equilibrio, ganas de vivir pese a todo. «Hija mía, yo sigo aquí para ti, soy el pegamento que te ayudará a juntar tus trocitos rotos cuando logre sacarte de esto».

---

67 Marta Suria: *Ella soy yo*, cit.

Algunas, en el camino, descubren que no son las únicas a las que les está pasando algo así. Poco a poco, con dificultad, crean redes de apoyo mutuo entre ellas y con personas adultas que han sobrevivido a experiencias de violencia sexual en la infancia. Encontrarse no solo les ayuda a sostenerse, sino que les permite reconocer la propia historia en la historia de las otras, constatar que no son casos aislados, sino que sobre ellas se ejerce una violencia que es generalizada y sistémica. Logran así resistir a la interiorización de todos los mensajes que las tachan de «locas», interrumpir la voz interior que cada día las machaca con la misma acusación: «Te equivocaste, lo hiciste todo mal». Al mirarse las unas en los ojos de las otras, se reconocen orgullosamente como madres a las que el deber de protección ha llevado a desafiar la ley del *pater*.

El tiempo corre en su contra, porque la vida pasa y las criaturas crecen y hay momentos esenciales de la infancia y de la adolescencia que no pudieron compartir y ya no volverán. Pero el tiempo corre también a su favor, porque la vida pasa y las criaturas crecen y llega un momento en que se rebelan. Por algún motivo, cuando ya tienen edad para pelear por lo suyo, los jueces que años antes se negaron a creerlas, que sobreseyeron sus causas y rechazaron dictar medidas de protección, bajan los ojos: no logran sostener la mirada cuando la juventud violentada y superviviente los mira de frente. Habrá que preguntarles por qué.

«Estoy rota y llena de rabia e impotencia —escribe la hija de María Salmerón el día en que su madre entra en prisión por tratar de protegerla—. Finalmente, esa persona que se propuso arruinarle la vida a mi madre hace más de veinte años y con la que comparto apellido ha conseguido separarnos. Me ha arrebatado al pilar de mi vida, a mi protectora, la mujer que me trajo al mundo y que desde ese día no ha parado de luchar por mi felicidad ni un solo instante».[68]

---

68 El 9 de junio de 2022, María Salmerón ingresó en prisión por incumplir el régimen de visitas que su hija debía hacer a su padre por imposición judicial a pesar de que estaba condenado por violencia machista. Su hija, Miriam Ruiz, hizo ese día pública una carta donde también decía: «Fui yo la que le supliqué cientos de veces a mi madre que no me llevara a ese infierno. Y es ella ahora la que, con cincuenta y ocho años y problemas de salud, es castigada y arrancada de su casa por protegerme». La carta íntegra puede leerse en «La carta de Miriam, hija de María Salmerón, contra Pilar Llop: "Es responsable de que esté en prisión"», en *El Español*, 9 de junio de 2022, disponible en https://www.elespanol.com/reportajes/20220609/miriam-maria-salmeron-pilar-llop-responsable-prision/678932408_0.html

	Lunes	Martes	Miércoles	Jueves	Viernes	Sábado	Domingo
	30	31	1	2	3	4	5
	6	7	8	9	10	11	12
	13	14	15	16	17	18	19
	20	21	22	23	24	25	26
	27	28	29	30	1	2	3

Septiembre 2021

LA INFAMIA ES LIBRE

CRIMINALIZACIÓN MEDIÁTICA Y JUDICIAL EN EL CASO DE INFANCIA LIBRE

Mientras eres amable, los hombres te protegen.
El minuto en que dejas de serlo, empieza la batalla.

Mary Karr

INTRO. PRIMAVERA CERO

En la primavera de 2019, que se presentaba agitada políticamente, se produjeron una serie de detenciones de mujeres que, contadas de modo espectacular, ocuparon muchos minutos en informativos, tertulias y programas de actualidad de televisión, radio y prensa generalista durante meses. Los sujetos señalados, cuatro mujeres que habían denunciado la violencia sexual que sus hijos les habían relatado, fueron interesadamente relacionados entre sí y el aluvión alcanzó a otras dos decenas de mujeres anónimas, amén de varios médicos y abogados que se encontraron, en el curso de unas pocas semanas, en el foco como participantes en una supuesta «trama criminal».

En esa primavera de 2019, veníamos de vivir sendos 8-M con huelgas feministas de éxito sin precedentes (2017-2018). Sentíamos la ola feminista subir y la cabalgábamos con toda la ilusión y la esperanza de un mundo nuevo. Podemos era la cuarta fuerza política en el Congreso, con cuarenta y dos diputados, y para el final de ese año se esperaban elecciones generales… Esa primavera de 2019, a la que llamaremos «cero», sobrevino lo que se puede considerar la primera avalancha organizada de reacción patriarcal, un ataque frontal al feminismo y su hegemonía apenas apuntada, en el que salieron damnificadas personas concretas tras una batalla muy desigual. Fue una primavera de punto y aparte, arrasadora para muchas vidas. Quizá la distancia ayude a apreciar que el acoso mediático y judicial en el caso Infancia Libre fue un primer ensayo de la reacción que poco después vimos desplegarse con toda su fuerza, descabalgando consensos que creíamos firmemente conquistados.

Como los procesos sociales de cierta importancia suelen estar representados en peque-ñas historias, nos vamos a quedar con lo que les sucedió a cuatro mujeres que, hasta esa primavera, eran desconocidas. Esas cuatro «detenidas» con las que se abrieron docenas de informativos eran madres que habían denunciado con anterioridad violencia sexual o maltrato contra sus hijos por parte de sus progenitores, aunque ese no fue el relato que se transmitió desde los medios; la «primavera cero» las presentó como cri-minales conchabadas con una serie de profesionales de la medicina o la abogacía para lograr separar a sus hijos de los padres, y durante muchas semanas se vertió infamia sin medida ni control sobre ellas y otras muchas en situación similar.

Este capítulo persigue poner en claro el alcance de aquella persecución y criminaliza-ción, desplegada ante los ojos de todo el país. A menudo aparecerá el lenguaje de la prensa y la televisión, que repitió sin críticas, ni siquiera sospechas, lo que emitía el ope-rativo policial acerca de las vidas de estas cuatro mujeres y las de otras desconocidas con sus hijas e hijos; sírvanse entender que, en ocasiones, se utiliza su lenguaje para mostrar la ignominia de la que fueron capaces en aquella «primavera cero».

I. SALGA USTED EN UNA FOTO, CONVIÉRTASE EN CRIMINAL

Entre aquellos meses de abril y junio de 2019, no quedó ni un solo ciudadano que no conociera y temiera a las «secuestraniños» de la Asociación Infancia Libre. Cuatro muje-res, cuatro «detenidas». Cada una de esas detenciones fue efectuada por la unidad de policía judicial adscrita a los juzgados de plaza de Castilla, de Madrid. Este cuerpo poli-cial fue la fuente casi exclusiva de la información que se vertió al gran público, con la que se construyó la alarma social y el enemigo público. Los trazos gruesos de ese enemigo eran endebles, pero verosímiles para el imaginario popular: madres que se llevaban a sus hijos, madres que hacían todo lo posible por arruinar la vida a los progenitores, madres vengativas, malas mujeres en resumen.

El 1 de abril se difunde la detención de M. S.,[69] a la que habían puesto orden de busca y captura pocos meses antes acusada de «sustracción» de su hijo mayor. Tras siete años de buscar que se reconociera la violencia que vivía por parte de su padre sin lograrlo, la mujer se niega a obedecer la retirada de custodia que se dicta sobre ella en 2017 y se oculta para no entregarlo —para protegerlo y evitarle un arrancamiento—. La policía judicial termina por localizarla en una finca de la provincia de Cuenca, donde vive con su pareja actual, su hijo y la hija de ambos. En mitad de la noche, dieciséis agentes uniforma-dos irrumpen en la casa a punta de pistola, destrozan puertas y ventanas, detienen

---

69 Este texto se escribe con las iniciales de las personas incriminadas en una elección consciente para no aumentar la victimización de la que fueron objeto.

a la mujer y se llevan al niño. Casi simultáneamente, se difunden notas de prensa en las que se cuenta que los niños estaban desescolarizados, que no veían la luz del sol, que la niña llegó a «olisquear» a los agentes y que el chaval enarbolaba una Biblia. La mujer pasa a disposición judicial y al niño se le envía a vivir con su padre.

El 11 de mayo se conoce la segunda detención, que todos los medios relacionan con la anterior al unísono. En una casa de La Cabrera, un pueblo de la Sierra Norte de Madrid, la misma unidad policial despliega su operativo con agentes armados para detener a otra mujer, P. G., que vive con una hija a la que había intentado proteger durante años, después de denunciar sucesivamente los abusos que presuntamente cometía el padre (expareja) con su hija, desde 2014. Se presentan en cuatro coches e irrumpen en la casa. Aquella mañana, la mujer pasa a disposición judicial y la niña es arrancada de su madre. Para entregársela al padre, la policía judicial levanta un acta con la que certifica el arrancamiento, dando por hecho que la custodia es compartida, algo completamente falso en ese momento.

El 20 de ese mismo mes se conoce la «detención» de A. M. B. en Madrid. Esta mujer también tiene una hija y también denunció violencia sexual y malos tratos del padre contra la niña. A. M. B. es detenida, pero no está en paradero desconocido ni ha cambiado de vida ni rutinas. La niña acude a un colegio público y la mujer trabaja como matrona en un hospital. Aquella mañana, A. M. B. llega a su trabajo y dos policías de paisano golpean la ventanilla de su coche y le entregan un requerimiento judicial. La conducen a plaza de Castilla, donde es interrogada muchas horas más tarde. Todos los informativos cuentan, desde las diez de la mañana, que se ha producido «una tercera detención relacionada con Infancia Libre». La prensa conoce ese operativo antes que la propia mujer, aunque ella en ese momento ya imagina que le tocará ser la siguiente.

Si no hay una pauta común, la policía judicial la busca: «Detenida una tercera madre de Infancia Libre por impedir a su expareja ver a su hija».[70] Ese día se cuenta por televisión, radio y prensa escrita que todos los procedimientos abiertos (abuso sexual, malos tratos) contra su expareja estaban archivados, que se repite el *modus operandi* de los casos anteriores —desobediencia a las resoluciones judiciales, impedimentos en el régimen de visitas— y que A. M. B. compartía abogada y psiquiatra con las otras dos detenidas. Hay varias mentiras ahí, pero lo que es cierto y no se dice es que el padre de su hija sí ha sido encontrado culpable al menos de alguna cosa: pesan sobre él una orden de alejamiento de su hija por malos tratos, por un año y tres meses, y una sentencia de tres meses de cárcel. Este dato no sale a la luz hasta mucho más tarde.

Si seguimos el estricto orden cronológico, «el arresto de A. M. B. eleva a tres las detenciones de integrantes de Infancia Libre en los dos últimos meses» (afirma *El País* y replican

---

70 «Detenida una tercera madre de Infancia Libre por impedir a su expareja ver a su hija», en *El País*, 21 de mayo de 2019, disponible en https://elpais.com/sociedad/2019/05/21/actualidad/1558423969_550908.html

tantos otros)[71] y lo que se lee entre líneas es que van a caer más. Desde primeros de abril, Infancia Libre se está construyendo como significante delictivo y criminal: el nombre de la asociación es difundido profusamente con la detención de M. S., «presidenta de la Asociación Infancia Libre», y esta es una de las pocas verdades que se dicen esos días. P. G. y A. M. B no tienen un verdadero vínculo con la asociación, pero igualmente las relacionan entre sí desde el principio. Policía y periodistas ponen en común sus casos de un modo muy sencillo: acuden a los archivos y redes sociales del partido político Podemos.

Hay una fotografía que adorna cada una de las piezas que aparecen a golpe de detención y cada vez que se informa del «caso Infancia Libre». En esa imagen están M. S., P. G. y A. M. B. más una cuarta mujer que se salva de ser incriminada. Las cuatro aparecen retratadas con una senadora de Podemos.[72] La imagen data de dos años atrás y ha sido tomada en las dependencias del Senado en 2017. Las retratadas, a excepción de las políticas, lucen una camiseta blanca donde se lee: «Asociación Infancia Libre». Puestos a malinformar, aparecer en aquella imagen acaba equivaliendo a ser «asesora de Podemos» y así califican a algunas de estas mujeres cuando la policía las detiene en 2019.

Continuamos en la primavera sin tregua. Una orden de detención viaja desde Madrid hasta Granada. R. O. tiene domicilio conocido, está localizada, mantiene la custodia de su hija. Su vinculación con la Asociación Infancia Libre no depende de esa foto, en la que no aparece, ella es su vicepresidenta oficial en los registros. El 18 de junio de 2019, a petición de la policía judicial de Madrid, es citada en el Juzgado de Instrucción núm. 9 de Granada a declarar (por «posible sustracción y desobediencia al incumplir visitas»). En esa vista, a la que acude sin resistencia, el juez le retira la custodia de su hija de manera inmediata, se la entrega a una tía paterna y concede a la madre visitas cada quince días en un Punto de Encuentro Familiar. Según los informativos del día, la mujer lleva cinco años impidiendo que el padre vea a la niña.

A estas alturas, cada crónica viene aderezada con la nómina de detenciones anteriores. El relato que se está tejiendo de esta suerte, cargado de sensacionalismo, tiene un efecto espectacular: cuatro mujeres que han interpuesto «denuncias falsas» y han impedido a los padres ver a sus hijos o hijas durante años, detenidas como resultado de una investigación heroica y de gran envergadura por parte de la policía judicial. Para entonces, ya llevan días deslizando la teoría que les interesa sembrar: Infancia Libre, una asociación de mínima estructura creada para la defensa de los derechos de la infancia vulnerada, es según ellos la tapadera de una organización criminal.

La primera vez que se habla de «trama criminal» en relación con Infancia Libre es en torno al 19 de mayo, con la primavera a punto de explotar de infamia, a partir de la

---

71 Ibídem, *El País,* 21 de mayo de 2019.

72 Es por esta imagen que A. M. B. supone que será la siguiente detenida.

segunda detención. La Cadena Ser da la mayoría de exclusivas esas semanas y tras ella llegan los informativos, piezas de análisis y tertulias de *El Español*, *Abc*, *La Razón*, *El Mundo*, *El País*, *La Vanguardia*, la Sexta, Antena 3 y RTVE (por no hablar de las decenas de diarios del grupo Vocento). Todos al unísono difunden la teoría policial del complot, prácticamente sin fisuras. En las informaciones del caso, una y otra vez las mismas imágenes del mismo día de 2017 en las que cuatro mujeres anónimas acudieron a una reunión, vestidas con una camiseta blanca con arcoíris, y fueron retratadas con representantes del partido político Podemos en las dependencias del Senado. Bajo los focos, se las señala sin piedad como mujeres malvadas, desnaturalizadas, criminales.

II. ORGANÍCESE COMO SOCIEDAD CIVIL, DA PUNTOS EXTRA

Primero difunden su versión de la detención de M. S. y la dan con extra de escándalo, como hemos señalado: los niños no veían la luz del día, estaban encerrados, el niño estaba pálido, la niña llegó a «olisquear» a los agentes que irrumpieron en la casa —recuérdese, de madrugada—, había inscripciones bíblicas por la casa… Un puñado de mentiras convenientes, como se pudo ver más adelante.[73] Las televisiones muestran la finca vallada —una lona verde sobre el alambre, sin más sofisticación— como una casa de los horrores. Un mes más tarde, con P. G., ya tienen dos caras de la foto del Senado, en la que dibujan círculos como si fuesen dianas. Sobre la hija de P. G. inventan menos barbaridades, aun así dicen que «estaba sin escolarizar» y el instructor jefe de la unidad de la policía judicial, Pedro Agudo, se prodiga esos días en programas de televisión en cualquier franja horaria[74] junto al padre de la niña, periodista de *El Mundo*, para remarcar las medidas de seguridad con las que supuestamente vivían la mujer y su hija. Su vida transcurría, según han contado después las vecinas y vecinos de La Cabrera, a plena luz del día y a la vista de todo el pueblo, en una casa con jardín situada en el mismo centro.

El caso de A. M. B. es más rocambolesco: esta mujer sigue viviendo con su hija en su domicilio habitual, localizable por cualquiera. Las visitas de la hija al padre, fijadas cada quince días en un Punto de Encuentro Familiar, fueron canceladas por el propio Punto, porque, a pesar de la actitud colaboradora de la madre, la niña se negaba en rotundo a ver a su progenitor, con ataques de llanto y rabietas incontroladas. El procedimiento por incumplimientos en el régimen de visitas se había archivado, sin ninguna comunicación

---

73   «Niños en zulos y olisqueando como animales: los bulos sobre Infancia Libre y M. S.», en *Público,* 14 de junio de 2022, disponible en https://www.publico.es/mujer/ninos-zulos-olisqueando-animales-bulos-infancia-libre-maria-sevilla.html

74   «La casa […] tiene un acceso complicado, que nos cuesta establecer el dispositivo de vigilancia» (La Sexta, 13 de mayo de 2019, disponible en https://www.lasexta.com/programas/mas-vale-tarde/expediente-marlasca/como-se-fraguo-el-secuestro-de-la-cabrera-y-que-coincidencias-tiene-con-el-caso-de-maria-sevilla-video_201905135cd99ca90cf2535c40d92815.html).

ulterior. Sin embargo, se había abierto un nuevo procedimiento, en esta ocasión por desobediencia al régimen de visitas, en el Juzgado núm. 7 de Arganda del Rey, a instancias del fiscal. La madre había sido citada dos veces, pero aquellas citaciones no le habían llegado, porque se habían producido durante los meses de verano. Finalmente, el juzgado emite un auto de busca y captura para que vaya a declarar en calidad de investigada. Tras las detenciones de M. S. y P. G., la abogada del padre dice a la policía que esta madre también pertenece a la supuesta trama criminal de Infancia Libre. La policía decide entonces proceder a su detención. Es 21 mayo de 2019. Ya tienen tres caras de la foto.[75]

La unidad de la policía judicial está actuando en la calle y en la prensa al mismo tiempo —casi más en la segunda— y va advirtiendo: «Podría haber más».[76] Desde finales de mayo viene anunciando que llevará a fiscalía a la Asociación Infancia Libre como trama criminal, ya que supuestamente una serie de mujeres habrían actuado según un *modus operandi* definido por la asociación, con la complicidad de ciertos profesionales de la abogacía y la medicina, para cometer sus presuntos delitos. Queda la duda de si la foto de estas mujeres en el Senado es, en sus cábalas, un mapa de objetivos previo o se la han encontrado como prueba *a posteriori*. En estas semanas de informaciones dirigidas, se señala ininterrumpidamente a las «madres secuestradoras» de Infancia Libre relacionando con brocha gruesa hechos de unas y otras historias, como por ejemplo:

> Los puntos de coincidencia que afectan a veinte de los casos son en primer lugar denuncias presentadas de abuso sexual en las que en ninguna se ha dictado orden de alejamiento por este delito. Un segundo punto de coincidencia es que ha sido el mismo pediatra el que ha examinado los casos. También aparecen semejanzas con los letrados que han intervenido a la hora de formalizar la denuncia que han aconsejado siempre dar los mismos pasos a la hora de presentar la denuncia. También se consideran parámetros comunes la sustracción de menores y su ocultación así como la desobediencia judicial al no cumplir el régimen de visitas.[77]

Expliquemos algunas claves para desentrañar esa maraña que ellos llaman «trama».

---

75 A. M. B., entrevistada por *El Salto,* explica que daba por cerrado ese procedimiento tras el informe del propio PEF de no insistir en las visitas quincenales de padre e hija («A. M. B., madre de Infancia Libre: "Servicios Sociales te dice que denuncies; lo que venga detrás ya te lo comes sola"», 26 de junio de 2019, disponible en https://www.elsaltodiario.com/infancia/ana-maria-bayo-infancia-libre-denuncia-abusos-infancia).

76 Así se subtituló una nota de agencia: «Investigan cinco nuevas denuncias contra madres de Infancia Libre», EFE, 24 de mayo de 2019, disponible en https://www.lavanguardia.com/sucesos/20190524/462430333412/investigan-cinco-denuncias-madres-infancia-libre.html

77 «La policía trabaja sobre veinte casos similares al caso de Infancia Libre», Cadena Ser, 20 de junio de 2019, disponible en https://cadenaser.com/ser/2019/06/19/tribunales/1560973406_425477.html

Cada una de estas mujeres —quedémonos solo con las cuatro historias— había iniciado un proceso de denuncia contra el progenitor de su hijo o hija, en distintas circunstancias y momentos, por violencia sexual, agresiones o ambos delitos. Todos estos procesos se inician en los juzgados mucho antes de que se constituya la asociación[78] y todos ellos convierten sus vidas y las de sus hijos en un laberinto de revictimización. Ninguna de ellas está acusada ni tiene un procedimiento abierto por denuncia falsa. En algún momento de sus respectivos casos, tres de ellas contratan a la abogada C. S., después de pasar por tres, cuatro o cinco abogados antes. Algunas consultan al psiquiatra A. E. N. mucho tiempo después de haber interpuesto la primera denuncia. A. E. N. ejerce desde hace años en la sanidad pública y ha publicado a lo largo de su carrera artículos académicos sobre violencia de género contra las mujeres y sus hijos. Atiende a algunos niños y niñas relacionados con Infancia Libre, como a otras docenas de menores, conforme a la ley que regula en la Comunidad de Madrid la libre elección sanitaria. Las mujeres señaladas por la policía judicial en algunos casos han llegado a las consultas de N. P. y A. M. R., pediatra y psicóloga, respectivamente, del Servicio Andaluz de Salud, que aportan informes según lo que pueden comprobar. Las denuncias por abusos sexuales a partir de las verbalizaciones de esos niños y niñas (en 2010, 2012, 2014) cuentan con entre diez y veinte informes de profesionales, públicos o privados, que han apreciado indicios de violencia sobre ellos. Lo que sí es coincidente en estas cuatro historias —salvo con la hija de A. M. B., y merece la pena abundar en ello más adelante— es que los juzgados no habían dado credibilidad a la documentación aportada ni a las declaraciones de las criaturas, que se habían atenido a otros informes emitidos por los servicios psicosociales de los juzgados y que los procedimientos habían sido archivados una y otra vez por diversas causas, generalmente «falta de pruebas».

Así pues, la policía judicial establece un patrón entre las historias de esas cuatro mujeres y sus hijos, denunciantes de violencia sexual paterna: en todas ellas los padres habían sido denunciados y luego absueltos; las madres habían continuado interponiéndose, si habían podido, para impedirles el acceso a las niñas o niños; y aparte de sus periplos para proteger a sus hijos, se habían reunido en el pasado con el grupo parlamentario Podemos, y algún otro partido político, para incidir sobre las políticas de protección a la infancia. He ahí su trama.

Además de las cuatro historias con las que se arma este relato, la unidad policial amalgama toda esta información con muchos más casos, siempre protagonizados por una madre que ha denunciado o acompañado la denuncia de violencia sexual del progenitor sobre sus hijos. En su frenética recopilación, se benefician de un ingrediente extra: la generosa colaboración de los padres, que se han acercado a alguna comisaría a poner en conocimiento

---

78   «Infancia Libre no existía cuando las tres madres detenidas denunciaron abusos a sus hijos», en *El Salto*, 12 de junio de 2019, disponible en https://www.elsaltodiario.com/infancia/infancia-libre-registro-madres-detenidas-denuncias-abusos-hijos

su caso. Una cantidad indeterminada de hombres llaman o visitan su comisaría de referencia para relatar que ellos también han sido denunciados en falso o conocen el nombre de alguno de esos médicos que salen en las noticias, o sus exparejas no les dejan ver a sus hijos o hijas. No solo hablan con comisarios, también hablan con los medios. Dan nombres de sus hijas e hijos, se presentan como víctimas de Infancia Libre, montan una asociación de agraviados.[79] Los casos de madres vengativas que separan a sus hijos e hijas de sus padres no dejan de aparecer: esto es realmente un complot, hay que hacer algo.

Se cocina, con la habilidad de quien tiene acceso a los medios de gran tirada, un relato de terror con mujeres que denuncian por despecho, por afán de venganza o por separar a los hijos o hijas de padres responsables. Algunos medios desbordan la imaginación en titulares donde no cabe la presunción de inocencia.[80] Se habla de las «brujas» de Infancia Libre, se insiste en su relación con los profesionales que firman los informes —como si hubiesen sido coaccionados o coaccionadas—, se llega a difundir una supuesta «denuncia tipo» que esta asociación habría puesto al alcance de cualquier madre para obtener ventajas inmediatas. Se desata una tormenta de fango mediático que, en un primer momento, deja inerme a toda la ciudadanía, con una notable ausencia de reacción de las redes feministas, que no llegan a empatizar hasta mucho más tarde con estas madres protectoras.

Durante esa primavera resulta muy difícil hacer entender a nadie que no se trata de secuestros ni de venganzas, ni de despechos, ni de confabulación para atacar a padres rectos y dignos. Durante esa primavera preelectoral, lo incuestionable es que una unidad de la policía judicial abre una investigación sin aval ni supervisión de los juzgados contra una serie de mujeres que se han organizado como sociedad civil en torno a una problemática común: progenitores denunciados por violencia sexual contra menores, inacción de la justicia, desprotección de la infancia.

III. ANTECEDENTE RIVAS

En 2017 (más o menos en la fecha de la fotografía en el Senado) una mujer de Granada, Juana Rivas, decide no volver con sus hijos a la casa que comparte con el padre en Italia, tras haber pasado las vacaciones de verano en su pueblo. En el caso de Juana, hay una denuncia contra su marido por malos tratos que se remonta a 2009. Aunque él había sido condenado, más tarde vuelven a convivir como pareja junto a sus dos hijos. Rivas, que pasa las vacaciones en España, realiza una nueva denuncia y se niega a volver con

---

79 Un hombre de Granada, Miguel Carrillo, impulsa una plataforma de Afectados por Infancia Libre, supuestamente para interponer una demanda que, hasta donde sabemos, no prosperó», en *Las mañanas de RNE*, 20 de junio de 2019, disponible en https://www.rtve.es/play/audios/las-mananas-de-rne-con-inigo-alfonso/caso-infancia-libre-padres-afectados-se-unen/5288379/

80 «Las "brujas" de Infancia Libre: pediatra, psicóloga y Prozac al servicio de las secuestradoras», en *El Español*, 25 de mayo de 2019, disponible en https://www.elespanol.com/reportajes/20190525/infancia-libre-pediatra-psicologa-prozac-servicio-secuestradoras/400960826_0.html

el padre de sus criaturas a Italia. Se esconde durante algunas semanas con sus hijos y en ese momento salta a las noticias, porque, inmediatamente, él, de nombre Francesco Arcuri, la denuncia acusándola de «secuestro». Los grupos feministas del Estado, a una, la apoyan en una campaña que llega muy lejos en la que todo tipo de mujeres se sienten interpeladas; durante semanas, las redes se inundan con el lema «Todas somos Juana».

La acusación en su contra llega rápido: posible «sustracción»; al cabo del tiempo, Juana decide reaparecer y entregar los hijos al padre. Su caso se hace notorio a nivel nacional e internacional.[81] Al mismo tiempo que se ve obligada a vivir separada de sus hijos, con la sospecha de que la violencia está cayendo sobre ellos sin ninguna protección, Juana Rivas soporta un periplo judicial —amén de un juicio público extendido— que desemboca en una condena a cinco años de prisión por dos delitos de sustracción de menores, a seis años de inhabilitación para ejercer la patria potestad, al pago de las costas y a una indemnización a Arcuri por daño moral y material. Las sentencias se han revisado varias veces desde entonces, con una reducción de los años y las cuantías, y en 2021 Rivas es indultada parcialmente por el Consejo de Ministros, aunque prácticamente pasa un año hasta que deja de dormir en la cárcel.

En el caso Juana Rivas, varias cosas quedan retratadas. Lo primero, el apoyo masivo a una mujer denunciante de violencia machista e institucional, que desborda ampliamente el ámbito nacional. Todo el movimiento feminista y un amplio sector social apoyan a esta madre frente a la orden judicial según la cual tiene que entregar a sus hijos a un condenado por violencia de género. Lo segundo que aprendemos es que proteger a los hijos y tratar de alejarlos de la violencia del progenitor tiene altos costes en la vida de una mujer y de sus hijas. Desobedecer el mandato que preserva a la figura paterna es severamente castigado. Merced a los escarmientos mediático y judicial que Juana recibe, no tardará mucho en desinflarse la ola de simpatía por ella, y algunas acabarán cuestionando las decisiones que tomó en su día para proteger a sus hijos.

La desprotección de las mujeres víctimas de violencia es la tercera lección. A día de hoy, la única persona que ha cumplido condena es Juana.[82]

---

81 «Cronología del caso Juana Rivas: de su huida de Italia al indulto parcial», en *Newtral*, 12 de julio de 2022, disponible en https://www.newtral.es/juana-rivas-caso-cronologia/20211201/

82 El juez que llevó el caso de Juana Rivas, Manuel Piñar, afronta ahora una investigación por un posible delito de odio por el contenido de algunas publicaciones suyas en redes sociales y ha visto cómo la Audiencia Provincial de Granada anulaba la sentencia en la que condenaba a cinco años de prisión a una mujer que había denunciado al menos en ocho ocasiones a su expareja (y padre de la hija que tienen en común) por abusos sexuales hacia la menor. En su resolución, el tribunal estima que el juez Piñar actuó con «exceso inquisitorial» y que en su decisión existe una total «falta de imparcialidad». En una sentencia posterior (febrero de 2024), el mismo tribunal absolvió a la mujer de todos los cargos. Véanse «El juez Piñar será investigado por un posible delito de odio», en *El Salto*, 18 de octubre de 2023, disponible en https://www.elsaltodiario.com/justicia/juez-pinar-investigado-posible-delito-odio; y «Una sentencia del juez que condenó a Juana Rivas es anulada por "inquisitorial" y "falta de imparcialidad"», en *Público*, 23 de diciembre de 2023, disponible en https://www.publico.es/mujer/sentencia-juez-condeno-juana-rivas-anulada-inquisitorial-falta-imparcialidad.html

IV. LA TRAMA

La repetición es —dice un lema de la propaganda— una de las formas de construir verdad, y así fue: repitieron hasta el infinito unas cuantas palabras clave: «madres secuestradoras», «denuncias falsas», «profesionales conchabados», «trama criminal». La unidad de policía judicial finalmente presenta el informe a fiscalía en julio de ese año, 2019. Así lo cuenta en primicia la Cadena Ser:

> Tras los cuatro casos conocidos desde abril, los agentes han tomado declaración a unos cincuenta padres, la mayoría se presentaron en dependencias policiales de manera voluntaria para denunciar sus casos. Una vez investigados, la policía ha elevado a fiscalía unos veintidós casos por posibles delitos de sustracción de menores y desobediencia judicial vinculados a la Asociación Infancia Libre.[83]

Según *El País* del 26 de julio, Infancia Libre sería «una red criminal para tramitar denuncias sobre hechos falsos con el fin de perjudicar a los padres logrando que les fuera retirada la custodia de los menores».[84] Revisemos esa frase un segundo: hechos falsos, perjudicar a padres, retirada de custodias. Nada de esto estaba sucediendo en las vidas de las personas señaladas en ese informe, ni en las de las cuatro madres incriminadas directamente ni en las del resto. Volveremos en breve al detalle de ese informe elevado a fiscalía, en el que lograron incluir a diecisiete mujeres, tres médicos y dos abogados.

Incluso cuando no muchas personas han podido leer aún el informe de la policía judicial, las consecuencias de esta campaña de criminalización van mucho más lejos. En ese momento, centenares de mujeres en todo el Estado están viendo ese tipo de titulares en las pantallas y sienten mucho miedo; no se pueden creer que se explique de un modo tan simplista y criminalizador el calvario que están viviendo por haber denunciado la violencia o violencia sexual de un padre sobre sus hijas o hijos. Temen que aparezca su nombre publicado, haber consultado a alguno de esos médicos, que todo ese ruido atronador pueda influir en sus procedimientos por violencia. A partir de la escalada de fango informativo que culmina en el informe a fiscalía, muchas mujeres ven cómo crece la incredulidad sobre sus denuncias, e incluso son relacionadas espontáneamente con la «trama».

---

83   «La policía acusa a Infancia Libre de organización criminal en el informe entregado a fiscalía», Cadena Ser, 24 de julio de 2019, disponible en https://cadenaser.com/ser/2019/07/24/tribunales/1563979451_221674.html

84   «La policía presenta ante la fiscalía un informe en el que acusa a Infancia Libre de "organización criminal"», en *El País*, 26 de julio de 2019, disponible en https://elpais.com/sociedad/2019/07/26/actualidad/1564148979_270982.html

> De las conclusiones [...] se deriva que pudieran haberse estado cometiendo conductas delictivas, [...] habrían formado una asociación con la finalidad encubierta de lograr unas sentencias favorables a sus intereses y en todo caso la guarda y custodia de sus hijos, utilizando para ello presuntas denuncias falsas por abusos sexuales a sus hijos, quebrantamiento de los deberes de custodia, desobediencia reiterada a las autoridades judicia les y en último término sustracción de menores.[85]

Según este informe, el objetivo de la asociación también es animar o incitar a quienes se ponen en contacto con ella a incurrir en dichas conductas. Lo que se presenta a fiscalía es un batiburrillo interesado de diecisiete casos de familias que se han visto atravesadas por la denuncia de la violencia del padre, con desarrollos particulares y con una notable ausencia de protección a la infancia por parte de la justicia. Se denuncia con informes médicos y forenses, con declaraciones de las niñas y niños y de expertos que las han examinado; no se aprecia o no se puede confirmar el delito; se archiva. En la mayoría de estos casos, los padres no tienen la custodia y los archivos dejan los delitos sin demostrar, sin medidas cautelares para los menores y sin modificaciones en los regímenes de visitas. Algunas veces hay divorcio anterior, algunas veces hay violencia machista acreditada. Archivo o sobreseimiento del caso no equivale a denuncia falsa, pero ellos lo cuentan igual. La inclusión de algunos de esos casos concretos en la causa criminal a veces se debe a una sola coincidencia: algunas de esas mujeres han contratado los servicios de la abogada que durante un tiempo había asistido a la presidenta de Infancia Libre; algunas de ellas han llegado a la consulta de la pediatra referente en violencia sexual contra la infancia en Granada, a menudo porque el mismo sistema público de salud las ha derivado ahí.[86]

Lo que este informe policial interpreta como organización criminal no son más que historias de madres que, ante el laberinto en que se encuentran al denunciar la violencia sexual o el maltrato paterno contra sus criaturas y la inacción de la justicia, se pasan datos, pistas, contactos en busca de alguien que escuche y crea a sus hijos.

«No hay ninguna trama, somos madres que nos hemos unido para ayudarnos», clama un día de junio R. O., a quien habían quitado la custodia de su hija a raíz del proceso de investigación de Infancia Libre. R. O. contesta como puede en un plató de televisión a cinco tertulianos enfervorecidos que la acribillan a preguntas.[87] R. O. no recupera a su

---

85   Extracto del informe realizado por la Unidad Adscrita a los Jugados de la Jefatura Superior de Policía de Madrid. Ministerio de Interior, Registro de Salida 15217/19, 16 de julio de 2019.

86   En fechas previas a la presentación del informe y como contestación al señalamiento mediático, tanto la Asociación Española de Neuropsiquiatría como la Asociación Española de Pediatría de Atención Primaria emiten comunicados de apoyo a los profesionales señalados.

87   *La mañana*, RTVE, 19 de junio de 2019, disponible en https://www.rtve.es/play/videos/la-manana/manana-vicepresidenta-infancia-libre/5286833/

hija hasta casi seis meses más tarde, cuando, el 20 de noviembre de 2019, la Audiencia Provincial de Granada emite su sentencia sobre el caso y afirma que el juez instructor que le había arrancado a su hija «carecía de competencia para acordar las medidas de naturaleza civil que acordó», según el diario *Público*.[88] La Audiencia remarca ese día que R. O. tiene la custodia desde 2017 con carácter definitivo. No había desobediencia ni delito alguno en el hecho de que la hija de esta mujer no viese a su padre, ya que las visitas en un Punto de Encuentro seguían pendientes de ser establecidas de mutuo acuerdo.

Muchos de los diecisiete casos del informe llegan a la unidad de policía judicial debido al ruido mediático. Uno de ellos es el de una mujer que se pone en contacto con la policía para explicar, presa de los nervios, que ella no forma parte de la «trama», que no las conoce, pero que una vez había contactado con el teléfono móvil que la asociación tenía en sus redes sociales buscando ayuda.

La contestación de fiscalía llega al cabo de varios meses, ya en enero de 2020. Pilar Rodríguez, fiscal jefe de la Audiencia Provincial, archiva las diligencias propuestas, desestimando la existencia de una trama criminal: «[...] de las diligencias practicadas y de la documentación aportada, dicho entramado no queda acreditado».[89] Fiscalía rechaza que hubiese relación de los casos de personas particulares incluidos en el informe con la asociación y, asimismo, desmonta la idea de que esta se había creado con fines ilícitos. En su exposición argumenta que no ha encontrado base alguna, ni siquiera un mínimo indicio, para tratar ese puñado de casos particulares como una red. A lo largo de sus páginas, desgrana la disparidad de cada uno de los casos, pone en su sitio las fechas y los datos, reconoce que existen informes puntuales de uno u otro médico en función de las circunstancias de cada historia y admite la vinculación de M. S. y R. O. con la asociación, pero subraya:

> En relación al resto de mujeres implicadas, no existe una vinculación directa con Infancia Libre, más allá de aparecer tres de ellas en unas fotografías publicadas en prensa apoyando a la asociación o haber hecho algún comentario apoyando la asociación a través de las redes sociales.[90]

También incide en que no todos los casos de denuncias por violencia paterna que el informe reúne se han convertido en archivos judiciales y apunta:

---

88 «R. O., vicepresidenta de Infancia Libre, absuelta del delito de desobediencia», en *Público*, 3 de junio de 2022, disponible en https://www.publico.es/mujer/rocio-osa-vicepresidenta-infancia-libre-absuelta-delito-desobediencia.html

89 Decreto de la Fiscalía Provincial de Madrid, D/IN 469/19, de 29 de enero de 2020.

90 Ibídem.

> Se parte de una presunción errónea: que los hechos denunciados en esos procedimientos no eran ciertos [...]. Que un procedimiento penal sea archivado no supone necesariamente que el hecho denunciado fuera falso, sino que no se ha podido llegar a probar [...]. En todos los casos referenciados no consta dato alguno de que se haya incoado procedimiento judicial, de oficio o por denuncia particular, por un posible delito de denuncia falsa.[91]

Fiscalía realiza ese análisis minucioso que se hubiese esperado de los medios de comunicación que tuvieron acceso al informe y encuentra que no hay base alguna para tratar procedimientos diversos y particulares como una red, y mucho menos criminal.

El archivo de febrero de 2020 se difunde en unas pocas notas de agencia y en lacónicos titulares («La fiscalía archiva la causa contra Infancia Libre»).[92] Los medios que en su día participaron en la carnicería mediática dan discretamente la noticia, para seguir alimentando la criminalización de las madres en otros foros. Para ese momento, pasados seis meses del bombardeo mediático, nadie tiene ningún interés en admitir que se mintió sin ningún disimulo sobre estas madres, nadie da cuenta por la criminalización gratuita de la que fueron objeto ni matiza una sola de las infamias vertidas. En pocas semanas, comenzarán la pandemia, el cierre, las cuarentenas, y todo aquel ruido de la primavera anterior, todo aquel fango, queda sepultado bajo asuntos más urgentes, pero no sin haber producido un enorme daño a una gran cantidad de personas concretas.

V. LOS NIÑOS NO MIENTEN, PARADÓJICAMENTE

«Vemos a M. S., la detenida por sustracción de menores, por su hijo de once años, en el Congreso hace dos años. De la mano de diputadas de Podemos presentaba en la Comisión de Derechos de la Infancia varias propuestas sobre protección al menor, paradójicamente».[93] *El País*, pocas horas después de la detención de M. S., se refiere en el vídeo que acompaña a la noticia a la única aparición pública anterior de M. S., el 14 de marzo de 2017. Invitada por el grupo parlamentario confederal Unidos Podemos-En Comú Podem-En Marea, M. S. comparece como representante de la Asociación Infancia Libre, una de las cuatro organizaciones que se personan ese día en la sesión de la Comisión de Derechos de la Infancia y la Adolescencia, en medio de los estudios preliminares para mejorar la protección a la infancia en una ley que se redactará mucho

91 Ibídem.

92 «La fiscalía archiva la causa contra Infancia Libre», en *El País,* 31 de enero de 2020, disponible en https://elpais.com/sociedad/2020/01/31/actualidad/1580473516_178592.html

93 «Detenida la presidenta de una asociación de infancia por secuestrar a su hijo», en *El País,* 1 de abril de 2019, disponible en https://elpais.com/sociedad/2019/04/01/actualidad/1554121282_704477.html

tiempo después. En esa sesión, M. S. trata de relatar en veinte minutos lo que ha podido conocer de primera mano en el tiempo que lleva como impulsora y presidenta de la asociación:

Infancia Libre es una asociación sin ánimo de lucro que nace de un grupo de personas, familiares y profesionales, que han conocido las deficiencias del sistema que actualmente tenemos para proteger a los niños y niñas de nuestro país de un abuso sexual o de un maltrato infantil intrafamiliar —dentro de esto entrarían el sistema judicial, los servicios públicos y también los servicios de gestión privada— y que, evidentemente, está especializada en abuso sexual y maltrato infantil intrafamiliar. Hace año y medio que nos constituimos, pero llevamos muchos más dentro del sistema, conociendo sus deficiencias.

M. S. remarca ese día, todas las veces que puede, que su foco está en la violencia en el seno de la familia, que son muchas otras las violencias que acosan a la infancia y que esos enfoques corresponden a otras entidades. Ella quiere hablar de las fallas del sistema de protección cuando se trata de criaturas que han verbalizado violencia sexual paterna, que ha conocido tanto de primera mano como al frente de la asociación: «De más de ciento setenta niños solo tres tienen orden de alejamiento, el resto está obligado a continuar teniendo contacto con su agresor». La vida de la asociación en ese momento es realmente corta. Constituida a principios de 2016, ya ha recogido centenares de testimonios de madres desesperadas, atrapadas entre la inacción judicial y la desprotección de sus hijas e hijos.

Es necesario hacer una ley integral de protección a la infancia que no cometa errores, o que cometa los mínimos posibles, y que, ante la duda, siempre prevalezca el interés superior del menor, no el del padre o el de la familia, porque nadie mejor que ese niño o esa niña conoce los abusos que ha sufrido, sin prejuicios, sin revictimización, sin obligarles a mantener contacto con sus agresores.[94]

Estas son las palabras de M. S. tal como aparecen recogidas en el diario de sesiones. Aquel es el día más visible y político de Infancia Libre, pero nada de esto lo reflejan los medios de comunicación hasta pasados dos años, en la primavera infame. *Paradójicamente*, solo un día después de esta comparecencia en el Congreso, un juzgado quita a M. S. la custodia de su hijo para dársela al padre, exactamente como viene

---

94 Diario de Sesiones de 14 de marzo de 2017, donde se puede leer el texto completo de la comparecencia: https://www.congreso.es/es/busqueda-de-publicaciones?p_p_id=publicaciones&p_p_lifecycle=0&p_p_ state=normal&p_p_mode=view&_publicaciones_mode=mostrarTextoIntegro&_publicaciones_ legislatura=XII&_publicaciones_id_texto=(DSCD-12-CO-155.CODI.)

denunciando desde la asociación, después de cinco años de denuncias por los abusos paternos sobre su hijo, documentados en numerosos informes médicos. El juicio por la custodia se celebra *in audita parte*, sin la presencia de su abogada, que tiene que acudir a un juicio penal señalado con anterioridad en otra provincia, circunstancia que no es tenida en cuenta por el juzgado de familia.

M. S. toma en aquel momento la decisión de ocultarse con su hijo para no entregárselo al padre. Los cuerpos y fuerzas de seguridad comienzan a buscar a M. S. como «secuestradora» por todo el Estado, hasta el último día de marzo de 2019 en que la localizan y le arrancan al niño en un operativo retransmitido casi en directo.

Tiempo atrás, una amiga de una amiga había pasado a otra amiga una fotocopia de diez por quince donde aparecía este sencillo lema: «Los niños no mienten. Los abusadores, sí», que se recogió por casualidad en aquella Marcha Estatal contra las Violencias Machistas del 7 de noviembre de 2015. Fue probablemente la primera vez que la asociación se personaba entre la multitud, llevando por bandera los derechos de la infancia. Ese papelito fue un pequeño salvavidas que permitió a algunas mujeres crear una red de cuidados y apoyo durante algunos años.

Una página en Facebook, un email y un número de teléfono componían su escasa estructura. Fue suficiente para que se les acercara un número indeterminado de mujeres que se habían encontrado con las revelaciones de sus hijas e hijos y no tenían ni idea de qué hacer, dónde acudir, en quién apoyarse. Juntas se formaban, compartían datos, asistían a talleres o jornadas sobre el síndrome de alienación parental, sobre la sintomatología de las niñas y niños víctimas de violencia o sobre las leyes existentes de protección de la infancia. Mantuvieron una invisible actividad intentando sensibilizar a representantes e instituciones, al tiempo que las denuncias de sus hijas y sus casos se paralizaban o archivaban constantemente; sus propias vidas se iban enredando mes tras mes en la tela de araña que ya hemos descrito. Los escollos que se encontraban no dejaban de dar razones a la necesidad de su actividad como asociación: recibían informes psicosociales que aludían a las manipulaciones de las madres, los servicios sociales de atención a la infancia a menudo les desaconsejaban proseguir con las denuncias, los servicios de apoyo de ayuntamientos o comunidades fomentaban el silencio o las cuestionaban, los seguimientos de los Puntos de Encuentro Familiar emitían evaluaciones en su contra...[95] Entre vista, juicio y nueva vista, no tuvieron tiempo de hacer mucho, pero sí de recopilar casi doscientos casos donde el patrón común de desprotección y aplicación del SAP se repetía y el recorrido de las denuncias (siempre a falta de recursos para sistematizar datos estadísticos) evidenciaba que la infancia no era escuchada y que aquellas madres que intentaban proteger acababan enjuiciadas.

---

95 Sobre los equipos psicosociales judiciales, los Puntos de Encuentro Familiar y otros elementos del ecosistema ligado al constructo del síndrome de alienación parental, véase Conceptos 3, en este mismo volumen (p. 83).

También probaron suerte con los medios de comunicación, con la dificultad de que el tema que tenían entre manos implicaba a niñas y niños, a los que no querían exponer. Solo en contadas ocasiones consiguieron algo de atención (antes de la «primavera cero»). En 2016, una periodista de *El Diario* realizó entrevistas a algunas de estas madres a contraluz y con la voz distorsionada.

> Esto es sistemático, no es un caso aislado, es un sistema, se produce en todos los casos donde los niños verbalizan que han sufrido abusos o malos tratos. [...] Pero a las madres que deciden incumplir para proteger a sus hijos —porque la ley contempla que tienen que protegerlos— se les obliga a entregar a los niños. Se les amenaza con la retirada de la guarda y custodia, se les imputa un delito y además las multan.[96]

Sería una de las pocas veces en que la problemática que vivían se contase con claridad y objetividad en un medio de comunicación. Desde el anonimato relativo, intentaron «que la sociedad entienda que cuando esos niños hacen ese tipo de verbalizaciones, las secuelas que se les quedan son mucho mayores. Este es el llamamiento al sector judicial, social, a médicos y pediatras, a todas las personas que intervienen en su protección».

Apenas dos años de vida como asociación, escasa incidencia, y sin embargo tocaron en uno de los huesos más duros del sistema patriarcal y provocaron todo tipo de sanciones y castigos, el arrancamiento de sus criaturas y hasta una tormenta de fango policial y mediático. Las acciones o iniciativas que estaban intentando a nivel autonómico o estatal quedaron interrumpidas desde el momento en que M. S. se oculta, pues era ella quien se encargaba casi al completo del peso de la representación política.

La perspectiva del tiempo transcurrido nos permite ver que no hubo casualidad alguna en aquella tormenta de fango: la Asociación Infancia Libre estaba formada por mujeres que señalaron al corazón de la pederastia paterna que se sigue negando desde las instituciones; enfrentadas en primera persona a un problema social de primer orden, pusieron de relieve que la infancia no es protegida ni tiene agencia alguna cuando señala al padre de familia; su intervención dejó ver además que los padres de familia también saben organizarse y cuentan con engranajes bien engrasados para ejercer poder e influencia. Por último, y no menos importante, estaban decididas a llegar donde llegó Juana Rivas y mucho más allá, desobedeciendo los mandatos del poder judicial con el

---

96 Olga Rodríguez y Alejandro Navarro Bustamante (18 de febrero de 2016): «El sistema judicial no protege a los menores que denuncian a sus padres por abusos sexuales», en *El Diario*, disponible en https://www.eldiario.es/sociedad/sistema-judicial-menores-denuncian-sexuales_1_1163384.html; y (17 de febrero de 2016): «El padre de mi hija dijo que prefería verla muerta a no verla, pero el juzgado lo consideró normal», en *El Diario*, disponible en https://www.eldiario.es/sociedad/preferia-verla-muerta-juzgado-normal_1_4154511.html Las dos notas citan a Infancia Libre como fuente, pero los vídeos que formaban parte de ellas ya no están accesibles.

fin de proteger a sus hijos. Castigar a la asociación no era tan importante como castigar la desobediencia de estas mujeres. Esto es algo que, como se vio con Juana, el sistema no podía dejar impune.

VI. ELLAS SÍ HICIERON LOS DEBERES

En la primavera infame de 2019, el ecosistema mediático de izquierda a derecha decide quedarse con la versión «madres vengativas que apartan a sus hijas e hijos de sus padres». Durante la tanda de detenciones y bastante tiempo después, los medios construyen un mensaje unívoco para crear una alarma sobre las pérfidas madres que hacen denuncias falsas y se cobran venganza haciendo caer el escarnio del abuso sexual sobre sus exparejas. Hay que esperar semanas para que aparezca —únicamente en dos medios de comunicación— una parte de la cara no contada de las historias sobre Infancia Libre.

A finales del mes de mayo, *El Salto* y *Público,* diarios digitales, son los únicos que empiezan a indagar en lo que nadie más está contando acerca de esas detenciones, así como en el tratamiento dado por parte de los medios —la mayoría de los cuales solo hace de canal de transmisión de información policial—. ¿Qué significa esta retahíla de detenciones de mujeres anónimas en casos parecidos y con hijas denunciantes de violencia sexual paterna como denominador común? ¿A qué viene esta repetición machacona sobre la maldad y el afán de venganza de estas mujeres? ¿Qué hay detrás de todo esto? En este punto es necesario reconocer y aplaudir el trabajo llevado a cabo por Patricia Reguero y Sara Plaza (periodistas de *El Salto*) y Virginia Pérez Alonso y Marisa Kohan (directora la primera, periodista la segunda de *Público*), por cuyas piezas fueron colándose los datos expuestos a continuación.

La primera denuncia contra la expareja de M. S., Rafael Marcos —a quien le gusta aparecer en los medios y exponer públicamente a su hijo—, la interpone de oficio el Ministerio Fiscal en 2012, atendiendo a los informes pediátricos a los que tiene acceso, por sospechas de abuso sexual del padre contra el niño. Las causas abiertas se archivan una y otra vez, el juzgado penal aduce insuficiencia de pruebas, a pesar de las decenas de informes públicos o privados que se van acumulando y que documentan la violencia del progenitor. Finalmente, en 2017, un juzgado retira a M. S. la custodia de su hijo en favor del padre. Dada la desprotección de su hijo, M. S. toma la decisión de no entregarlo.

P. G. se divorcia del padre de su hija cuando esta tiene dos años. Se establece un acuerdo por el que ella mantiene la custodia y él ve a la niña varias tardes por semana, fines de semana alternos y la mitad de las vacaciones. En 2014, cuatro años después, escucha de su hija el abuso y lo denuncia. El Centro de Atención a la Infancia del Ayuntamiento de Madrid (CAI) y otras instancias realizan informes que reconocen los indicios de violencia sexual. Las denuncias se archivan por falta de pruebas, sin que se realice la debida investigación. Ninguno de los procedimientos que se abren esos años tiene efecto, nunca se pone en cuestión el derecho del padre a mantener visitas, nunca se toman medidas en favor de la niña, a pesar de los numerosos informes que documentan la violencia sexual relatada. P. G. comienza entonces a proteger a su hija del único modo que puede.

En el caso de A. M. B., el ocultamiento de datos es aún más sangrante. Cuando es apercibida para acudir al juzgado en mayo de 2019, el padre de su hija tiene una condena a tres meses de cárcel y una orden de alejamiento de la niña por malos tratos, dato que solo aparece semanas más tarde en los medios mencionados.

La cuarta madre, R. O., de Granada, vive en domicilio conocido con su hija cuando todo esto sucede. En su historia de litigios, el padre ha sido condenado al menos una vez por violencia machista, mientras que las denuncias por abuso sexual han sido archivadas, como en el resto de los casos. En 2019, el padre lleva sin ver a su hija algún tiempo, porque el auto que le concede visitas en un Punto de Encuentro Familiar deja las mismas pendientes de un mutuo acuerdo que no se había producido hasta entonces. En las semanas de las detenciones en cadena, la policía judicial reactiva una orden de busca y captura por desobediencia contra R. O., a pesar de que la orden llevaba dos años archivada y esta madre estaba cumpliendo en estrictos términos la sentencia vigente de 2017 con respecto a custodia y visitas.[97] Cuando a R. O. le comunican que debe presentarse en el juzgado, no solo es una madre que presuntamente está «sustrayendo» a su hija, sino la vicepresidenta de Infancia Libre, una supuesta organización criminal. Durante seis meses tiene que vivir sin su hija, con las comunicaciones limitadas en un Punto de Encuentro Familiar, hasta que la Audiencia Provincial le devuelve la custodia.

En estos detalles, que solo se ofrecen en los medios citados y con alcance limitado, no se observa que esas mujeres estén obteniendo ventaja alguna del hecho de denunciar los abusos relatados por sus hijos. Las vidas de todas ellas se han complicado a niveles estratosféricos y desde mucho antes de existir la asociación. Las medidas tomadas por la justicia en favor de sus hijos son pocas o ninguna.

Además de lo que se deduce de las cronologías de cada caso, como explica *El Salto*, la asociación se formaliza mucho tiempo después de que cualquiera de estas mujeres curse una denuncia contra sus parejas o exparejas por violencia sexual.[98] M. S. y R. O. se conocen por compartir circunstancias y crean Infancia Libre en 2016 con el fin de «promover la protección a la infancia y velar por la protección de los menores».

---

97   «La vicepresidenta de Infancia Libre tenía concedida la custodia de su hija y el procedimiento archivado desde 2017», en *Público,* 18 de junio de 2019, disponible en https://www.publico.es/sociedad/vicepresidenta-infancia-libre-tenia-concedida.html

98   «Infancia Libre no existía cuando las tres madres detenidas denunciaron abusos a sus hijos», en *El Salto,* 12 de junio de 2019, disponible en https://www.elsaltodiario.com/infancia/infancia-libre-registro-madres-detenidas-denuncias-abusos-hijos

Después de la tormenta de fango de aquella primavera de 2019, el archivo de la fiscalía no tiene el mismo impacto que las detenciones en cadena, el *hype* mediático se ha desinflado y a ningún medio se le ocurre corregir o actualizar los argumentos dados. Las mentiras quedan dichas y han servido de gasolina para el movimiento antifeminista que ya ha empezado a despuntar en sectores del Estado como la judicatura.[99] Como dijo una portavoz de la asociación Agamme a *El Salto,* «socialmente queda una explicación por dar, queda pendiente un acto de justicia a favor de Infancia Libre».[100]

VII. CUANDO PASA EL TEMBLOR

Si te han tratado de criminal en *prime time,* es muy posible que toda tu vida se vea afectada por ello. Los efectos que caen sobre estas mujeres van mucho más allá de la persecución judicial por lo que la fiscalía y la judicatura vienen considerando como delito de sustracción de menores. Se ven obligadas a cambiar de casa o de profesión, sus caras son reconocidas en su entorno y, al trauma de haber perdido a sus hijos, tienen que sumar el señalamiento público: policía, medios y exparejas utilizan todas sus herramientas para que se amplíen las consecuencias. Dos de las mujeres incluidas en el informe de la policía judicial contraatacan al cabo de un año, con los servicios del abogado Vicente Tovar, presentando una querella contra el inspector jefe de la unidad de policía judicial, Pedro Agudo, y el resto de agentes firmantes «por presuntos delitos de denuncia falsa, falsedad documental y revelación de secretos».[101] La querella no es admitida a trámite.

Además de todo lo descrito hasta aquí, las madres señaladas por la policía tienen que soportar mucha soledad y ninguneo. En un principio, salvo alguna iniciativa aislada, no se ven aupadas ni protegidas por el movimiento feminista (ni el de base ni el institucional): las primeras reacciones a aquella infame criminalización son de desentendimiento, prejuicio o incredulidad. Se da alguna muestra de solidaridad puntual, se realizan concentraciones de apoyo en barrios o pueblos donde conocen de primera mano a alguna de las afectadas. Sin embargo, la protección de la infancia, el laberinto de revictimización en el que se ven atrapadas, los derechos de sus hijas e hijos y de las mismas madres no se consideran, durante un tiempo tras aquella primavera, dignos de movilización. Alguna vez llegan a escuchar que «el caso Infancia Libre perjudica gravemente al movimiento feminista».

---

99   Durante 2022, tras la excarcelación de M. S., la exministra de Igualdad, Irene Montero, realiza unas declaraciones en apoyo de las madres protectoras, que lo que hacen es «defenderse a sí mismas y defender a sus hijos e hijas frente a la violencia machista de los maltratadores». La expareja de M. S. denuncia estas palabras y el Tribunal Supremo le da la razón, condenando a la exministra al pago de 18.000 euros a modo de indemnización por atentado contra el honor.

100   «Asociaciones contra los abusos a la infancia, un año después del caso Infancia Libre», en *El Salto,* 16 de mayo de 2020, disponible en https://www.elsaltodiario.com/infancia-libre/asociaciones-abusos-sexuales-caso-infancia-libre-

101   «Dos madres denuncian a la policía judicial por incluirlas en un informe contra Infancia Libre», en *Público,* 17 de enero de 2021, disponible en https://www.publico.es/sociedad/infancia-libre-madres-denuncian-policia-judicial-incluirlas-informe-infancia-libre.html

Otras personas, poco a poco, llegan a darse cuenta de que, debajo de todo ese lodo, hay un problema real y grave que sí compete al feminismo y a la justicia social. Tendrán que pasar dos años para que la sensibilidad social se transforme y se entienda que la lucha de estas mujeres saca a la luz una gravísima vulneración de los derechos humanos contra las criaturas y sus madres.

En el momento de concluir este cuaderno, las informaciones más recientes de *Público* en torno a Infancia Libre apuntan a algo que nadie más se está atreviendo a contar: la criminalización de estas mujeres fue un granito de arena más en la persecución mediática y judicial (el conocido *lawfare*) contra Podemos durante esos años, con contactos e indicaciones concretas del número dos del Ministerio de Interior del momento, Francisco Martínez, al jefe inspector de la unidad de policía judicial, Pedro Agudo.[102] Las acciones políticas de la asociación hasta 2017 —su trabajo de *lobby* y sensibilización— fueron utilizadas para perjudicar a cualquier mujer que se hubiese puesto en contacto con Infancia Libre e incluso a algunas que no tuvieron ningún contacto. En este sentido, en una práctica altamente irregular, el informe de la policía judicial fue enviado de oficio a diversos juzgados de familia para contaminar procedimientos de divorcio y custodia.[103] La disciplina de castigo a estas mujeres que trataban de proteger a sus hijos se extendió así a un total de dieciocho mujeres.

Aquellas mujeres eran Juana, como proclamábamos un par de años antes; pero tuvo que pasar cierto tiempo para que sintieran un apoyo social similar al que se dispensó a Juana.

VIII. OLAS DEL DESPUÉS

Como se ha señalado, los hechos relatados aquí tuvieron lugar en un año en que se preparaban elecciones generales; el gobierno resultante fue la coalición formada por PSOE y Podemos, con Irene Montero a la cabeza del recuperado Ministerio de Igualdad. Parece que hubiera pasado una avalancha de antifeminismo sobre todas nosotras desde aquella «primavera cero»: persecución judicial a activistas por parte de asociaciones de extrema derecha y ultra, criminalización de la protesta, campañas de acoso y señalamiento contra mujeres anónimas o públicas...

Sin embargo, otras olas han seguido llegando a estas orillas. En la última década el Estado español ha sido varias veces amonestado por su dejadez en la protección de la

---

102 2 «Los "whatsapp" entre Francisco Martínez y el policía Agudo: así se quiso vincular a las madres de Infancia Libre con Podemos», en *Público*, 3 de marzo de 2023, disponible en https://www.publico.es/politica/whatsapp-francisco-martinez-policia-agudo-quiso-vincular-madres-infancia-libre.html

103 «El falso informe policial sobre Infancia Libre se utiliza en los juzgados contra las madres que denuncian abusos a sus hijos», en *Público*, 4 de mayo de 202,, disponible en https://www.publico.es/mujer/falso-informe-policial-infancia-libre-utiliza-juzgados-madres-denuncian-abusos-hijos.html

infancia, pero desde 2020 la ONU ha emitido hasta seis comunicaciones, firmadas por los relatores especiales, contra la discriminación y la violencia contra las mujeres y las niñas; en ellas abochornan al Estado por la actitud de la justicia de desproteger a los niños y niñas víctimas de violencia sexual. Sus comunicados, acumulativos, recuerdan el caso de Ángela González Carreño, una mujer que perdió a su hija, asesinada por su padre, tras haber interpuesto cincuenta y una denuncias contra él sin resultados; y señalan que los juzgados continúan aplicando estereotipos de género contra las madres en sus dictámenes:[104] «Nos preocupa profundamente que este no sea un problema aislado, ya que seguimos recibiendo información sobre casos en España y otros países de madres que pierden la custodia, y a veces incluso se enfrentan a situaciones de encarcelamiento, por intentar proteger a sus hijas e hijos de padres abusivos».

Lo que dicen los relatores en sus notas de prensa no dista demasiado de lo que expuso M. S. en el Congreso de los Diputados en aquella comparecencia de la Comisión de Infancia. M. S., presidenta de Infancia Libre, ingresó en prisión a primeros de 2022, condenada por el Juzgado de lo Penal núm. 23 de Madrid a dos años y cuatro meses de prisión, a la inhabilitación para el ejercicio de la patria potestad durante cuatro años y al pago de una indemnización de cinco mil euros al padre de su hijo. Meses más tarde, el Ministerio de Justicia le concedió el indulto parcial, apoyado por docenas de asociaciones de todo el Estado. Aún sigue sin poder ver a su hijo.

Más olas. El Comité sobre la Eliminación de todas las Formas de Discriminación contra la Mujer (CEDAW), organismo también perteneciente a la ONU, ha contado con informes de primera mano en los últimos años que describen casos como los que aquí contamos; tras la presentación del noveno informe periódico que el Estado español remitía al CEDAW, este comité mostró su preocupación ante la persistencia de «una cultura judicial que no incorpora los valores de la Convención», y siguió alertando sobre la utilización del SAP en los juzgados, con sentencias que favorecen la asignación de custodias a los padres acusados de violencia en contra de las madres y las hijas e hijos.

Después de aquella primavera, se redactó y promulgó la actual «Ley orgánica 8/2021 de protección integral a la infancia y a la adolescencia» frente a la violencia, un avance muy esperado y cuestionado a la vez desde organizaciones feministas, por carecer de perspectiva de género. Recordemos solo por un momento que las promotoras de cambios en esa protección, en lo tocante a la violencia paterna, estaban siendo juzgadas.

Hay olas pequeñas y algunas grandes, una no menor es que se haya empezado a reconocer a las madres protectoras como sujetos políticos de primer orden. Entre los asuntos pendientes de profundización democrática en este país, la protección de la infancia denunciante de violencia sexual es uno de ellos. Las organizaciones que se ocupan del

---

104 Naciones Unidas (2 de marzo de 2022): «Niñas y niños en España expuestos al riesgo de violencia y abuso sexual por sistema judicial», disponible en https://unric.org/es/ninas-y-ninos-en-espana-expuestos-al-riesgo-de-violencia-y-abuso-sexual-por-sistema-judicial/

tema en el contexto español, como Save the Children, llevan dos décadas alertando de estas carencias, aunque las ronchas que levantó el trabajo de Infancia Libre solo pueden explicarse por haberse dirigido concretamente a denunciar la violencia sexual paterna, al padre incestuoso, el límite del tabú.

Alguna vez, en algún medio de comunicación, seguiremos leyendo que una madre huyó con sus hijos para no entregarlos a su padre, que la madre los ha secuestrado y que el padre, libre de todo pecado, los quiere recuperar. Y se ocultará toda la parte de la historia en la que, para empezar, niños y niñas se atrevieron a revelar el daño que su progenitor les estaba infringiendo.

CONCEPTOS 3

EL ECOSISTEMA DEL SÍNDROME DE ALIENACIÓN PARENTAL

¿Cómo es posible que el síndrome de alienación parental genere tantos estragos? Nunca un constructo teórico tuvo por sí solo tal potencial de destrucción. La cuestión es que este pretendido síndrome, para funcionar, no solo echa sus raíces en el sustrato de la cultura patriarcal, no solo se divulga desde publicaciones y tribunas supuestamente especializadas, sino que además cuenta con un conjunto de operadores que juegan a su favor.

En esta tercera ficha de conceptos queremos detallar tres de estos operadores, que tienen un papel clave y forman parte de lo que llamamos el ecosistema del SAP: los equipos psicosociales judiciales, la coordinación parental y los Puntos de Encuentro Familiar.

EQUIPOS PSICOSOCIALES JUDICIALES

Los equipos psicosociales judiciales intervienen en procedimientos de familia, en procesos penales de menores y en cualquier causa penal donde se precise la exploración y la toma de declaración de una persona menor de edad o especialmente vulnerable, como sucede en los casos de violencia contra la infancia y la adolescencia en el ámbito familiar. Están compuestos por psicólogos y trabajadores sociales, adscritos a uno o varios juzgados. Su tarea es emitir informes periciales a petición del juez o del Ministerio Fiscal sobre cuestiones psicológicas, sociales, familiares o educativas, para lo cual realizan un conjunto de pruebas a las partes implicadas. Los informes deben recoger una descripción de estas pruebas, junto con la metodología de análisis empleada, la evaluación de los resultados y unas conclusiones finales. No son documentos vinculantes, pero el juez o la jueza los tiene muy presentes a la hora de dictar resoluciones. Cuando intervienen en asuntos de familia o violencia, la valoración que hacen de la situación familiar y sus recomendaciones juegan un papel decisivo a la hora de determinar la custodia, los regímenes de visitas y la existencia o no de situaciones de violencia. Dada la inscripción institucional de los equipos que los elaboran, se les supone una objetividad e imparcialidad mayores que las de cualquier informe o prueba que presenten las partes, aun cuando estos segundos estén elaborados por profesionales de organismos públicos especializados en infancia. Si hay disparidad de criterio entre unos informes y otros, siempre primará aquel que haya emitido el equipo adscrito al juzgado.

Diferentes estudios jurisprudenciales identifican estos informes como vía de entrada privilegiada del marco de análisis del SAP, que luego se asume acríticamente en las sentencias.[105] A pesar de la falta de aval científico y profesional, el síndrome de alienación parental sigue impartiéndose como parte del currículo general de la carrera de Psicología, así como en másters de psicología forense en algunas universidades de nuestro país.[106] Ofrece una explicación sencilla que facilita no tener que profundizar en las investigaciones sobre violencia sexual contra la infancia. Así, aunque existen equipos psicosociales que militan de manera activa a favor del pensamiento de Gardner, la manera en la que el marco interpretativo del SAP se impone sobre cualquier otro enfoque es en la mayoría de los casos absolutamente banal: sin una formación específica en violencia contra la infancia y la adolescencia, es más fácil reducirlo todo a un conflicto de pareja e interpretarlo con lentes misóginas muy asentadas en nuestra cultura que tratar de averiguar si un padre está abusando sexualmente de una niña o un niño de cinco años; es más fácil visualizar a una mujer despechada, con deseos de venganza a partir de un divorcio, que imaginar siquiera que determinados dibujos o relatos de un niño o niña sean episodios que han sucedido de verdad.

El carácter autoprobatorio y circular del constructo SAP facilita aún más la tarea: la mera hipótesis de una posible «instrumentalización» materna basta para poner en suspenso cualquier denuncia de violencia sexual, que, de hecho, se convierte por sí misma en prueba de dicha instrumentalización. «La menor ha sido entrevistada en diversas ocasiones y ha recibido tratamiento psicológico durante un amplio periodo de tiempo, lo cual puede distorsionar su memoria y, por lo tanto, afectar a su testimonio, contaminándolo e incluso pudiendo generar una falsa memoria», escriben dos psicólogas forenses del Equipo Técnico Psicosocial del Tribunal Superior de Justicia de Madrid. A renglón seguido, refiriéndose al entorno materno, añaden: «No se han podido descartar ganancias secundarias».[107] Las expresiones «no se

---

105 Abogadas para la Igualdad (2010): *Estudio jurisprudencial sobre el impacto del SAP en los tribunales asturianos*, Oviedo: Instituto Asturiano de la Mujer; Paloma Marín (2009): «Resistencias a la aplicación de la ley integral. El supuesto SAP y su proyección en las resoluciones judiciales», III Congreso del Observatorio contra la Violencia Doméstica y de Género, disponible en http://www.prodeni.org/Documentos%20pdf/Resistencias%20aplicacion%20Ley%20integral-SAP%20y%20resoluciones%20judiciales.pdf; Débora Ávila *et al.: Violencia institucional contra las madres y la infancia. Aplicación del falso síndrome de alienación parental en España*, cit.

106 Destacan por incorporar el constructo del SAP como verdad científica en su labor docente y en sus publicaciones: José Ignacio Bolaños, profesor contratado doctor en el Departamento de Personalidad, Evaluación y Psicología Clínica de la Facultad de Psicología de la UCM; Francisca Fariña, catedrática en el Área de Psicología Básica y Psicología Jurídica del Menor e investigadora principal del Grupo PS1 (Psicología Jurídica) de la Universidad de Vigo; Ramón Vilalta, decano presidente del Colegio Oficial de Psicólogos del Principado de Asturias; y Mariela Checa, decana ilustre del Colegio Oficial de Psicología de Andalucía Oriental. Sobre Francisca Fariña, Ramón Vilalta y Mariela Checa, véase Débora Ávila *et al.: Violencia institucional contra las madres y la infancia. Aplicación del falso síndrome de alienación parental en España*, cit., pp. 69-74. José Ignacio Bolaños dedicó su tesis doctoral de 2002 al *Estudio descriptivo del síndrome de alienación parental en procesos de separación y divorcio* (Universidad Autónoma de Barcelona) y desde entonces ha impartido innumerables conferencias y sendos artículos sobre SAP, alienación parental y mediación familiar.

107 *Información sobre la aplicación de la convención sobre la eliminación de todas las formas de discriminación contra la mujer*, Comité para la Eliminación de la Discriminación contra la Mujer, noveno informe periódico de España, abril de 2021, Anexos, pp. 455 y 355, respectivamente.

puede descartar», «hay posibilidades de» corren de manera automática el velo del SAP y ya no se ve nada más que a una madre manipuladora, sin necesidad de probar empíricamente actos concretos de manipulación.

La existencia de una bolsa única de trabajo temporal para atender las necesidades de cobertura temporal en los servicios públicos, en el caso de los equipos psicosociales, permite que profesionales de la psicología sin ninguna especialización en violencia sexual en la infancia y la adolescencia estén en posición de hacer valoraciones y emitir dictámenes en este tipo de situaciones. Así, es frecuente encontrar informes de baja calidad y con afirmaciones cuando menos aventuradas. «Para que exista una vivencia traumática de los supuestos hechos atendiendo a la edad del menor, estos deben cursar con dolor físico por parte del menor», puede leerse, por ejemplo, en un informe que, a continuación, añade: «Una vivencia traumática derivada de la significación social de los hechos precisa de un desarrollo cognitivo en el menor que no tiene en el momento actual». Esta trivialización del impacto de la violencia sexual en la primera infancia contradice la extensa bibliografía que vincula estos episodios a sufrimiento psíquico agudo en la adolescencia y la edad adulta.[108]

Al convertir la denuncia por violencia sexual en un conflicto por la custodia entre partes en igualdad de condiciones, el marco interpretativo del SAP permite rechazar evidencias forenses presentadas por las madres que acreditan la existencia de abusos. Una vez considerados «de parte», cabe pasar por alto, sin tan siquiera reflejarlos en las sentencias, informes médicos que refieren «lesiones en genitales, región perianal y nalgas» o «vulvovaginitis de repetición. Estreñimiento secundario». O informes psicológicos que relatan que el niño «de manera repetida, expone tocamientos e introducción en sus partes íntimas que una persona de su edad no podría explicar con estos altos índices de detalle y veracidad».

De manera habitual, se evalúan como increíbles las declaraciones de niñas, niños y niñes por presentar contradicciones o, al contrario, por ser demasiado «estructuradas». En algunos casos, se argumenta que la «manipulación» por parte de la madre, sus «motivaciones espurias» para denunciar con base en el «conflicto familiar» con el padre deben aparecer siempre como clave interpretativa cuando la denuncia por violencia sexual se da en un contexto de divorcio. Así, un informe psicosocial en un procedimiento penal por agresión sexual contra una niña desestima otros informes que dan credibilidad a la denuncia arguyendo que «no tienen en cuenta las precauciones que se derivan del SAP de Gardner (1987) sobre criterios de alto valor diferenciador sobre la acusación de la madre: no tienen presente que nos encon-

---

108 Véanse la Sociedad Española de Psiquiatría y Psicoterapia del Niño y del Adolescente, la Asociación Española de Neuropsiquiatría, el EPI-Young Stress Group del Centro de Investigación Biomédica en Red Grupo Salud Mental (CIBERSAM) en el ámbito español, o The National Child Traumatic Stress Network en el ámbito estadounidense.

tramos en el contexto de un litigio por la custodia de la nena, y por su restitución, la cual (la madre) muestra un interés secundario muy potente en cotra (del padre)».

Es común también culpabilizar a la madre del «calvario probatorio» por el que se hace pasar a la niña, niño, niñe, como si fuera ella quien hubiera inventado todo el mecanismo judicial para ofrecer protección a un menor de edad frente a un padre que le violenta, como si tuviera a su alcance muchos otros caminos alternativos.

«La psicóloga adscrita a (este) juzgado —recoge una sentencia de lo civil— pone de relieve los perjuicios que ya se están derivando a las menores del mantenimiento de la guardia materna, pues la mayor presenta un mutismo selectivo […] poniendo de manifiesto que el peregrinaje por hospitales y las conductas comprobatorias de la madre afectan muchísimo a las menores y de modo especial en su desarrollo y en dos aspectos esenciales, en su relación con su padre, que se verá distorsionada, y en sus relaciones con los hombres en general».

Aun cuando la madre no sea la principal denunciante, su comportamiento sigue siendo el foco principal de estos informes, mientras que, en el caso del padre, se evalúan sus «capacidades parentales», pero rara vez hay exploraciones específicas como presunto agresor.

«Aún recuerdo —escribe un psiquiatra infantil especializado en violencia sexual— cuando en 2008 me enteré de la "existencia" de algo llamado SAP. Mi jefe me entregó una resolución del Juzgado de Violencia de Género de Majadahonda donde se invocaba el SAP para decir que había que preparar a dos hermanos para aceptar que se iban a separar de su madre, a una madre para que aceptara eso y a un padre para que lo hiciera bien. Tuve que leerlo varias veces para entender lo que decía. Pensé que eso era absurdo y que no podía seguir adelante. Pero algo me inquietaba. Tras atender varias veces a los hermanos y a la madre, hice de oficio un contrainforme. Fui citado como perito ante el juzgado al igual que el psicólogo del equipo psicosocial. Estuve hora y media de pie, contestando a todas las preguntas del abogado del padre. La fiscal hizo solo una pregunta, la única pregunta lógica: si el rechazo al padre se podía explicar por varios motivos. Expresé que sí y ella comentó a la jueza que se reservaba su derecho de redactar su parte. Cuando llegó el turno de la juez, me preguntó si conocía el "síndrome de las falsas memorias". Nada más oír su pregunta, supe que "el pescado estaba vendido". Me dijo finalmente que yo me había "extralimitado". La madre perdió la custodia y más tarde tuve que tratar a los hermanos mientras sufrían malos tratos por parte del padre. Al final, cuando la hija cumplió los dieciséis años, pude ayudarla a tramitar la emancipación y quedaron por fin liberados. Nunca podré olvidar esta historia».[109]

---

109 Correspondencia personal entre Débora Ávila y médico psiquiatra de la sanidad pública experto en violencia contra la infancia. Otoño de 2022.

COORDINACIÓN PARENTAL

El coordinador o la coordinadora parental es una figura que, dentro de un divorcio o separación conflictiva, tiene encomendada la tarea de «mediar» entre los progenitores de una criatura. Sin embargo, cuando una madre ha escuchado a su hija, hijo o hije decir que su padre le hace daño, ¿qué papel juega una mediación centrada en el «conflicto» entre las personas adultas que ignore el contexto de violencia en el que se inscribe? ¿No deja esta mediación fuera de foco la escucha de lo que le está pasando a la criatura? Y sobre todo, ¿no aplaza lo más urgente, lo que debería primar por encima de todo, que es la protección al niño, niña o niñe ante una situación aún no probada pero posible de violencia? ¿Por qué priorizar este tipo de figura profesional ante estas situaciones? La cuestión es que el marco interpretativo que impone la aplicación del SAP obvia tales preguntas y coloca la coordinación parental como primer paso, medida «blanda», de la «terapia de la amenaza» prescrita por Gardner.

Si, en un contexto de denuncia por violencia paterna al que se le ha aplicado el marco SAP, una niña vuelve inquieta y con ansiedad después de pasar un día con su padre, la coordinadora de parentalidad deberá aconsejar a la madre que no se preocupe, que peca de sobreprotección: un baño largo, unos globos de regalo y se le pasará. Si, pese al rechazo que manifiesta, la niña tiene que irse de vacaciones con el padre tras el archivo de la denuncia por violencia sexual, la coordinadora deberá recomendar a la madre que no la llame ni mantenga contacto con ella, porque de lo contrario nunca se va a revincular de forma sana con su padre. Ninguno de estos ejemplos es imaginado, proceden de situaciones vividas por algunas de las madres protectoras con las que escribimos estas páginas.

Esta labor militante a favor de una revinculación paternofilial a toda costa es precisamente la que tiene encomendada el coordinador parental. Lo que se esgrime es que la figura paterna es imprescindible para el «desarrollo psicoevolutivo» de la criatura y que el vínculo de la descendencia con él debe primar por encima de cualquier otra consideración. Tal y como recoge la guía de coordinación parental de la Xunta de Galicia:

> [Las alteraciones del vínculo paternofilial] se producen cuando uno de los progenitores proyecta una imagen negativa del otro, con el objeto de que el menor rechace relacionarse con este progenitor y con su familia extensa [...] las interferencias de un progenitor en el cumplimiento del régimen de estancia y comunicación de los hijos e hijas con el otro progenitor pueden producir un mayor desajuste psicoemocional y social en los niños y niñas y, en ocasiones, daños irreparables en la relación filioparental con ambos progenitores [...]. [El coordinador parental interviene] cuando un progenitor

daña la imagen del otro. Cuando un progenitor intenta limitar o impedir el contacto de los hijos con el otro progenitor. Cuando un progenitor pretende alterar el vínculo materno o paternofilial.[110]

Introducida por primera vez en 2001 a través de la Association of Family and Conciliation Courts, una entidad internacional de profesionales alineados con la doctrina del SAP,[111] la figura de la coordinación de parentalidad se ha ido imponiendo poco a poco en el ámbito jurídico del Estado español. En 2015, Cataluña le abría paso con una sentencia del Tribunal Superior de Justicia de Cataluña.[112] En 2018, un auto judicial de la Audiencia Provincial de esta misma comunidad autónoma anulaba sin argumentar la protección que se había concedido previamente a dos menores de edad. Negaba el riesgo de estas criaturas a sufrir violencia sexual por parte de su padre, a pesar de estar reconocido en un auto anterior. También obligaba al inicio de un plan de revinculación paternofilial e imponía a la madre una coordinación de parentalidad, considerando

> conveniente al interés de los menores y la pacificación del conflicto, la intervención de un coordinador de parentalidad que deberá ser nombrado por el juzgado de primera instancia de entre los peritos especialistas acreditados de la lista del Colegio de Psicólogos y que se ocupará de la realización de un plan de actuación, seguimiento y cumplimiento de la realización de la terapia en el CDIAP y la coordinación con el Punto de Encuentro Familiar con el fin de que finalmente se restablezca la relación paternofilial debiendo presentar un informe ante el juzgado al finalizar su intervención en el plazo de seis meses desde su inicio. (Sección 12, AP de Barcelona, Civil, sentencia 1158/2018).

El gobierno de la Comunidad de Madrid creó ese mismo año un Centro de Intervención Parental incorporado a la cartera de la Dirección General de la Infancia, Familia y Natalidad gestionado por la entidad APROME, firme defensora del constructo SAP.[113]

---

110 «Orientaciones para la gestión positiva de la ruptura de pareja», guía de coordinación parental de 2016 de la Xunta de Galicia, disponible en https://grupops1.webs.uvigo.es/wp-content/uploads/2021/03/ ORIENTACIONES-PARA-LA-GESTION-POSITIVA-DE-LA-RUPTURA-DE-PAREJA.pdf

111 En palabras del manual canónico de promoción del síndrome de alienación parental, se trata de un «concepto introducido en 2001 y desarrollado por los equipos de trabajo de la Association of Family and Conciliation Courts (AFCC) en 2002 y 2003, resultando en normas estandarizadas de coordinación parental». Véase D. Lorandos, W. Bernet y S. R. Sauber (eds.), 2013: *Parental Alienation: The Handbook for Mental Health and Legal Professionals*, Springfield: Charles C Thomas Publisher, p. 203.

112 Se trata de una sentencia del 26 de febrero de 2015, disponible en http://ayudaafamiliasseparadas.es/ archivo/archivo/Sent._TSJC_CoordinadorParental.pdf

113 Sobre APROME, véase el apartado sobre los Puntos de Encuentro Familiar más abajo (p. 91).

El único «servicio» que ofrece aún a día de hoy este centro es el de «coordinación de parentalidad» y a él se accede desde los juzgados de familia de Madrid. En 2019, una ley introducía la coordinación parental en el Derecho Civil Foral de Navarra.[114]

A pesar de todas estas validaciones institucionales, la coordinación parental resulta muy problemática, y no solo porque su regulación está aún en pañales. En muchas ocasiones, le son otorgadas distintas y amplias facultades, incluso decisorias y vinculantes propias del juez o jueza, como concretar las medidas y garantías del proceso de normalización de la vida familiar. Su misión principal es «ayudar a ejecutar lo juzgado», cuando dicha facultad es prerrogativa de la magistratura. De hecho, por momentos, el coordinador parental parece usurpar las funciones del juez, tal y como denuncia una querella presentada ante la fiscalía de Catalunya.[115]

Por otro lado, se autoriza a las y los coordinadores parentales el acceso al expediente judicial y a datos personales de las criaturas, así como de sus progenitores. Los tiempos de intervención no se encuentran regulados, ni la formación o aptitudes que deben tener, dejando a la arbitrariedad de los jueces «elegir» el tipo de peritos a los que hay que recurrir.

Sí que parece haber cierto consenso en que la o el coordinador parental debe estar especializado en «mediación, en consecuencias de la separación de pareja en la familia, violencia familiar y de género, maltrato y abuso sexual infantil, los aspectos legales de la separación y divorcio y educación parental positiva».[116] Pero la mediación, una herramienta valiosísima para la resolución de conflictos, opera aquí convirtiendo la violencia machista contra la infancia y la adolescencia en un «conflicto» entre partes adultas, renombrando aquello que no se quiere nombrar. Máxime si se tiene en cuenta que se trata de una mediación impuesta en una resolución judicial, sin que las partes hayan podido intervenir en dicha decisión ni ser escuchadas al respecto y cuyas pautas se insinúan obligatorias. «En la primera entrevista me plantaron un acuerdo que la coordinadora había redactado previamente, advirtiéndonos a mí y a mi abogada que si no lo firmábamos tendríamos un problema. Nunca llegó a concretar cuál sería este problema, pero yo me sentí totalmente amenazada a firmar un acuerdo con el que yo no estaba de acuerdo».[117]

---

114 La Ley Foral 21/2019, de 4 de abril, de modificación y actualización de la Compilación del Derecho Civil Foral de Navarra o Fuero Nuevo introduce la coordinación parental en su artículo 2, Ley 77, disponible en https://www.boe.es/diario_boe/txt.php?id=BOE-A-2019-8512

115 «Una madre denuncia ante la fiscalía de Catalunya a jueces y magistrados por imponer la coordinación de parentalidad», en *Público*, 21 de diciembre de 2020, disponible en https://www.publico.es/sociedad/sindrome-alienacion-parental-madre-denuncia-fiscalia-catalunya-jueces-magistrados-imponer-coordinacion-parentalidad.html

116 «Orientaciones para la gestión positiva de la ruptura de pareja», cit., p. 26.

117 Así lo relataba una madre denunciante de violencia sexual paterna, a quien se le impuso una coordinación de parentalidad. Taller de escritura, diciembre de 2022.

A diferencia de lo que sucede con jueces y juezas, en la coordinación de parentalidad no están previstas las causas de abstención y recusación ni las posibilidades de sanción en caso de mala praxis profesional. Pese a ser un servicio impuesto sin previsión legal, las madres son obligadas a sufragar los gastos de esta «mediación».

> Me cobraban setenta euros por visita, para que me dijeran que tenía que arreglar las cosas con el padre y que no podía impedir la relación con los niños, por más que yo insistiera en que tenía dos juicios abiertos por violencia sexual sobre mis hijos; y entre trescientos y cuatrocientos euros por cada uno de sus tres informes, en los que insistía en que era una madre obstaculizadora e instrumentalizadora y abogaba por la custodia exclusiva del padre. A día de hoy, la coordinadora de parentalidad me reclama por vía judicial cuatro mil euros por unas visitas que nunca se produjeron, porque yo dejé por escrito en reiteradas ocasiones que renunciaba a sus servicios, porque era un servicio que según los marcos internacionales debería ser voluntario y que además no estaba regulado por la ley. Aun así, una jueza de civil me obliga a pagar a una figura alegal, que es proSAP y que lo único que ha hecho ha sido arrancarme a mis hijos.[118]

Recientemente, una magistrada del Juzgado de Primera Instancia núm. 19 de Barcelona ha elevado una pregunta al Tribunal de Justicia de la Unión Europea[119] sobre la legalidad de la figura del coordinador parental, alertando de que la cesión por parte de un juzgado de los datos personales de las partes en conflicto y de los menores a un tercero —el coordinador parental— infringe las normas comunitarias en materia de protección de datos, vulnera el Convenio de Estambul[120] al imponer de manera obligatoria métodos alternativos de resolución de conflictos en casos de violencia machista y quebranta el derecho a una tutela jurídica efectiva al recaer sobre las partes el pago de los honorarios del coordinador aunque tengan reconocido el acceso a una justicia gratuita.

Para complicar las cosas, está creciendo en torno a la figura de coordinación parental un ámbito psicojurídico de formación y de servicios privados o concertados a

---

118 Ibídem.

119 Véase «Una jueza española pregunta por primera vez al TJUE sobre la legalidad de los coordinadores parentales», en *Público*, 2 de noviembre de 2023, disponible en https://www.publico.es/es/actualidad/una-jueza-espanola-pregunta-por-primera-vez-al-tjue-sobre-la-legalidad-de-los-coordinadores-parentales/

120 El Convenio de Estambul es un convenio del Consejo Europeo en materia de violencia contra la mujer y violencia doméstica. Tiene carácter vinculante y está considerado el tratado internacional más completo y de mayor alcance sobre la lucha contra la violencia contra las mujeres y la violencia doméstica. Puede leerse en https://rm.coe.int/1680462543

fundaciones y asociaciones con muy escasa regulación, que, tal y como ha constatado la asociación Themis, parten en buena medida de un negacionismo de la violencia machista y de su impacto sobre la infancia.[121] Huelga decir a estas alturas que tampoco se encuentran reguladas las amenazas de privación de la guarda, de multas coercitivas o de otras consecuencias jurídicas al progenitor o progenitora que se opone a la coordinación de parentalidad, que no sigue sus recomendaciones o que «no colabora» de la manera en que este profesional considera adecuada.

De todos los servicios psicosociales por los que las madres protectoras tienen que pasar para valorar la credibilidad de su relato y sus competencias parentales, el de la coordinación parental es el más hostil. «Recordar la coordinadora parental —narra S.— me revuelve todo el cuerpo, pero no por miedo; me descompongo solo de pensar en la violencia que ha cometido esta mujer contra mis hijos y contra mí. No puedo decir más, me bloqueo».

PUNTOS DE ENCUENTRO FAMILIAR

Los Puntos de Encuentro Familiar o PEF son centros destinados a facilitar el cumplimiento de regímenes de visitas entre niños y progenitores no custodios u otros familiares. Sus equipos están formados por profesionales de la educación social, la psicología, el trabajo social y el derecho que, además de velar por un «normal desarrollo de las visitas», deben ayudar a recomponer las relaciones familiares y asegurarse de que ambos progenitores cumplen con sus responsabilidades y disfrutan de sus derechos parentales. Así lo establece la legislación vigente en cada comunidad autónoma para regular su funcionamiento.

Su uso viene dictaminado por una resolución judicial o administrativa, a través de recursos de protección de la infancia y de la red de atención a mujeres en situación de violencia machista. Se presentan como un «servicio público, universal y gratuito» al que se debe recurrir en tres tipos de circunstancias: criaturas separadas de sus progenitores biológicos con medida de protección y de acogimiento en familia extensa o ajena; hijos, hijas e hijes de madres que residen en casas de acogida porque han sufrido malos tratos y es necesario mantener la confidencialidad del domicilio; familias con separaciones de «alta conflictividad».

Sobre el papel, se entienden como espacios «neutrales» que deben garantizar que la niña se pueda relacionar en un ambiente de «normalidad» con personas de referencia con las que, por un motivo u otro, ha visto rota la convivencia. Así, a la par que

121 Asociación de Mujeres Progresistas Themis (2021): *Informe sobre coordinación de parentalidad. Perspectiva feminista jurídica y psicológica*, núm. 2, p. 52, disponible en https://observatorioviolencia. org/wp-content/uploads/DEFINITIVO_SEGUNDO_INFORME_COPA_PERSPECTIVA_FEMINISTA_ JURIDICA_PSICOLOGICA_08_03_2021.pdf

se protege la integridad física y psíquica de los más pequeños, se ayuda a recomponer los vínculos paternofiliales para beneficio de todas las partes implicadas. Hasta aquí todo suena muy bien. Sin embargo, las reiteradas quejas y denuncias sobre la violencia institucional contra las madres en Puntos de Encuentro de diferentes zonas de nuestra geografía hacen saltar las alarmas.[122] Y eso a pesar de que el propio carácter del dispositivo disuade de interponer ninguna queja. Veremos por qué.

Lo primero que se descubre al empezar a investigar es que este «servicio público» en la práctica está siempre externalizado: los fondos son públicos, pero la gestión corre por cuenta privada. Quienes tienen las riendas del dispositivo son entidades particulares que han ganado un concurso público. Puesto que el criterio que prima en estos concursos públicos es el económico («que salgan baratos»), las condiciones de los profesionales que allí trabajan no son precisamente buenas: abundan la precariedad y los altos índices de rotación, como sucede por desgracia en muchos sectores de lo social. La calidad del seguimiento de los casos se ve así mermada: los informes pasan de mano en mano y por el camino, entre los cambios y las prisas, se cuelan errores garrafales, se pierde información valiosa y se filtran las ganas de «quitarse el marrón de encima» más pronto que tarde. Esta misma precariedad cercena la independencia de los profesionales con respecto a la entidad que los contrata. No existen tampoco mecanismos de transparencia ni rendición de cuentas; no se lleva un registro de las actuaciones al que las partes afectadas puedan acceder; no hay manera de dejar constancia formal de informaciones ni peticiones, ni tampoco cuentan con ningún canal de réplica a los informes que se emiten desde estos dispositivos y que llegan a los juzgados con el sello de la oficialidad y la profesionalidad que corresponden a un «organismo público».

Todo esto sería menos grave si no viniera además precedido de una genealogía bastante específica. Y es que, en el Estado español, los Puntos de Encuentro Familiar nacen de la mano de asociaciones conservadoras que ven el divorcio como un cataclismo social y que ponen todos sus recursos para asegurar que, en las separaciones, el *pater familias* no pierda el poder sobre su descendencia.

La Asociación para la Protección del Menor en los Procesos de Separación de sus Progenitores (APROME) nace en 1994. En el artículo 4 de sus estatutos establece como objeto principal la oferta de «un lugar neutral de acogida para el derecho de visita, así como la intervención, asesoramiento y mediación para la resolución de los

---

122 El primer informe completo lo publica la Federación de Asociaciones de Mujeres Separadas y Divorciadas bajo el título Invisibilización y desprotección de las víctimas de violencia de género en los Puntos de Encuentro Familiar, febrero de 2009. Véase también el reciente artículo de Amaia González Llama, de la Red de Resistencia contra el SAP, «Los Puntos de Encuentro Familiar y la revictimización admitida», en El Salto, 13 de julio de 2023, disponible en https://www.elsaltodiario.com/violencia-machista/puntos-encuentro-familiar-revictimizacion-machismo-bizkaia

conflictos coparentales y familiares, procurando que las causas de separación conyugal, nulidad o divorcio no impliquen una alteración en los derechos de los hijos a la convivencia con ambos progenitores».[123] Dicho y hecho: APROME crea el mismo año de su constitución formal ese «lugar neutral» en Valladolid y lo bautiza como «Punto de Encuentro».[124] La idea está tomada de los *PointRencontre* o *Lieu d´accueil pour l´exercise du droit de visite* de la vecina y católica Francia, donde el acento está puesto en la «normalización» de las relaciones entre el progenitor no custodio y el niño y no en la seguridad de la infancia, como sucede en dispositivos parecidos, en la forma pero no en el fondo, existentes en Estados Unidos, Canadá y Nueva Zelanda.

APROME desarrolla una intensa actividad de promoción de estos Puntos de Encuentro por el Derecho de Visita y para el año 2000 no solo ha creado centros en diferentes puntos de Castilla y León, sino que cuenta con las suficientes alianzas para impulsar la fundación de la Federación Nacional de Puntos de Encuentro para el Derecho de Visitas (FEDEPE).[125] Ese mismo año promueve la Jornada sobre Puntos de Encuentro Familiar, celebrada en la Sede del Consejo General del Poder Judicial el 28 de septiembre de 2000, que vendrá seguida de eventos con parecido impacto: el seminario «Encuentro de jueces y abogados de familia: Incidencia de la ley de enjuiciamiento civil en los procesos de familia» (Madrid, noviembre de 2003) o las «Jornadas sobre mediación familiar y Puntos de Encuentro Familiar: Perspectivas jurídicas y sociales» (Valladolid, enero de 2004).[126]

A escala europea, impulsa junto a sus aliados en Francia una *Carta europea de los Puntos de Encuentro para el mantenimiento de las relaciones entre los hijos y sus padres,* que, tras tres años de ida y vuelta de borradores, se firma en Ginebra en 2004. La carta vuelve a colocar en el centro el «reconocimiento del vínculo de filiación» y la «garantía de las relaciones paternofiliales como elemento imprescindible para el desarrollo de la identidad del niño o de la niña»,[127] contraviniendo la legislación internacional de la Convención de los Derechos del Niño (CDN).

---

123 Estatutos de la Asociación para la Protección del Menor en los Procesos de Separación de sus Progenitores, p. 1; se puede consultar en https://aprome.org/wp-content/uploads/2023/07/ESTATUTOS-APROME.pdf

124 María Luisa Sacristán (2002): «Programa Punto de Encuentro de APROME: una propuesta para facilitar las relaciones familiares después de la separación», en *Revista Psicopatología Clínica, Legal y Forense*, vol. 2, núm. 3, pp. 125-135. Véase también la página web de la federación: https://fedepe.org/

125 Enrique Calzada Collantes, María Luisa Sacristán Barrio y Jesús de la Torre Laso (2011): «La intervención psicosocial en los Puntos de Encuentro Familiar», en *Anuario de Psicología Jurídica*, vol. 21, pp. 20-23, 139-140.

126 Marta Navarro Pastor (9 de enero de 2023): «Mecanismos de salvaguarda de las relaciones paternofiliales tras la separación o divorcio litigioso», en *Revista Médico-Jurídica*, disponible en https://revistamedicojuridica.com/blog/2023/01/09/mecanismos-de-salvaguarda-de-las-relaciones-paterno-filiales-tras-la-separacion-o-divorcio-litigioso/

127 Ibídem. Por más que la carta aparece referenciada en muchos artículos e incluso en la ley reguladora de los Puntos de Encuentro en la Comunidad de Madrid (Ley 3/2019, de 6 de marzo, https://www.boe.es/diario_boe/txt.php?id=BOE-A-2019-5824), no hemos logrado encontrar el texto en ningún repositorio de acceso público.

En el ámbito legislativo, el Congreso de los Diputados aprueba ya en 2001 una proposición no de ley para promover el desarrollo de los Puntos de Encuentro Familiar. Es el Partido Popular el que hace la proposición, incorporando el nombre que APROME ha dado a estos lugares. La proposición incluye una enmienda de CiU por la que estos dispositivos nacen desde el primer momento como servicio público externalizado: «Se fomentará el establecimiento de convenios con las entidades que promuevan estas actividades». Esto ofrece a APROME y a otras asociaciones afines la posibilidad de abrir nuevos Puntos de Encuentro Familiar con recursos y validación pública.[128] En las diferentes comunidades autónomas se va legislando el funcionamiento de estos centros, siempre dentro de este marco de externalización, que, como decíamos, favorece la opacidad de su funcionamiento.

El documento marco aprobado por acuerdo de la Comisión Interautonómica de Directores y Directoras Generales de Infancia y Familias el 13 de noviembre de 2008 es un intento de poner freno a las disparidades y a la discrecionalidad en los enfoques y metodologías de trabajo en lo que debería ser un servicio con control público y funcionamiento democrático.[129] Sin embargo, a día de hoy la opacidad se mantiene y es muy difícil hacerse un mapa completo de los Puntos de Encuentro Familiar: dónde están y quién los gestiona en cada caso. En cualquier caso, la historia de este dispositivo en el Estado español ha hecho de los PEF un lugar menos neutral de lo que podría parecer a partir de su descripción formal.

A pesar de que una de las tres circunstancias por las que un juez puede dictaminar el recurso a un Punto de Encuentro es la violencia machista, en forma de maltrato o violencia sexual, las guías de intervención no incluyen recomendaciones ni directrices sobre cómo actuar en estos casos. Tal y como señala la Federación de Asociaciones de Mujeres Separadas y Divorciadas en su informe al respecto:

> Los PEF se enfrentan en una abrumadora mayoría de las veces a casos donde se dan diferentes grados de violencia de género [...]. Las propias gestoras reconocen que más de la mitad de los casos provienen de los juzgados de violencia contra la mujer, aunque no existe un estudio serio al respecto. La gestora de PEF de Castilla y León, APROME, admite que en más del 90 % de los casos recibidos hasta noviembre de 2008 existía una orden de protección decretada por el juzgado.

---

128 APROME gestiona en la actualidad un total de veintinueve centros en tres comunidades autónomas: dieciséis Puntos de Encuentro Familiar en Castilla y León y dos en La Rioja; en el caso de la Comunidad de Madrid, cuatro PEF, tres Centros de Atención a la Familia, un Centro de Intervención Parental creado en 2018 y un Servicio de Mediación y Atención Familiar en Fuenlabrada.

129 *Documento marco de mínimos para asegurar la calidad de los Puntos de Encuentro Familiar,* aprobado por acuerdo de la Comisión Interautonómica de Directores y Directoras Generales de Infancia y Familias el día 13 de noviembre de 2008. Véase el documento completo en https://www.mdsocialesa2030.gob.es/derechos-sociales/familias/otros/docs/2009-marco-minimos-asegurar-calidad-pef.pdf

Si tenemos en cuenta, además, que entre el 80 % y el 85 % de las mujeres víctimas no denuncia a su agresor, nos encontramos con una bolsa de madres e hijos/as víctimas de violencia de género en los PEF superior a la que aparentemente podría pensarse. [...] Los/as trabajadores/as de este recurso han sido formados/as, y lo siguen siendo, en el reconocimiento de esta violencia como un fenómeno no muy frecuente y que solo repercute en la madre, por lo que los menores, hijos e hijas, son tratados simplemente como víctimas de un conflicto de separación entre iguales, sin entender que la violencia, un síntoma de la desigualdad en la pareja que somete a la mujer, afecta gravemente a los/as menores antes y después de la separación conyugal, ya que son utilizados por el agresor como arma contra la madre y son también objetivo independiente de su violencia.[130]

La centralidad otorgada desde la creación de los PEF al «derecho de visita» hace que todo gire en torno a ella, a su adecuado cumplimiento y desarrollo, mientras que la idea de «neutralidad» recorta y reduce la diversidad y la complejidad de las situaciones que llegan a estos centros. Las desigualdades estructurales y coyunturales que existen entre ambos progenitores, en función del género, la racialización, la clase social, el historial previo de dolor y violencia, las heridas abiertas, las circunstancias y las condiciones materiales del día a día, la manera en que los hijos han vivido y viven la historia familiar, todo ello queda invisibilizado bajo la etiqueta de «separación de alta conflictividad». Los informes que se emiten valorando el sistema familiar, y que serán muy tenidos en cuenta por el juez de familia, se hacen en función del cumplimiento del régimen de visitas, descontextualizando las interacciones que allí se producen una o dos veces a la semana de todo el resto de circunstancias familiares.

En este contexto, si una niña se niega a ver a su padre, lo que prima no es indagar las causas que hay detrás de ese rechazo, sino obligarla, que la visita se realice, que el «derecho de visita» sea satisfecho por encima de todo. Esto hace de los PEF una puerta de entrada privilegiada del constructo del SAP, bajo cualquiera de sus pseudónimos (alienación, interferencias, obstrucción, etcétera), porque permite hacer a uno de los progenitores (generalmente la madre) responsable de este rechazo, meter la complejidad debajo de la alfombra y simplificar así la labor de un (precarizado) equipo de profesionales desde el Punto de Encuentro.

María Luisa Sacristán, presidenta de APROME, en su texto canónico sobre los Puntos de Encuentro, hace referencias explícitas al síndrome de alienación parental como un instrumento válido para el análisis y la intervención.

---

130 FAMSD: *Invisibilización y desprotección de las víctimas de violencia de género en los Puntos de Encuentro Familiar*, cit., p. 8.

Algunas familias se niegan a que la situación evolucione favorablemente, continuando con interferencias en el régimen de visitas entre los hijos y el progenitor con el que no conviven. Se presentan situaciones de interferencia grave [...], síndrome de alienación parental (término acuñado por Gardner en 1989) [...] y síndrome del progenitor malicioso (definido por Turkat en 1994 como forma de castigar al excónyuge, saboteando sutilmente el régimen de visitas). En estos casos los profesionales del Punto de Encuentro pueden llegar a un diagnóstico adecuado de la situación siendo testigos de la manipulación de los menores y los incumplimientos del régimen de visitas, pero su intervención como forma de proteger a los niños queda limitada a aportar información a las instancias administrativas o judiciales que lo requieran.[131]

La *Guía de intervención en los Puntos de Encuentro de Castilla León,* editada por esta misma asociación en 2006 y utilizada desde entonces en los PEF de diferentes comunidades autónomas, también incorpora de forma expresa la ideología del SAP. «Hay un presupuesto básico —sostiene la guía—: el SAP es perjudicial para toda la familia y en especial para los hijos. El rechazo filial debe ser reducido».[132] Brilla por su ausencia cualquier referencia a los numerosos organismos nacionales e internacionales que han refutado el SAP como instrumento válido.

En el día a día de los PEF, la psicopatologización de la «alienación parental» se traduce en una hipervigilancia de cada gesto para detectar posibles manipulaciones. A la señora C. un juez le ha retirado la custodia y solo le ha concedido visitas supervisadas en un Punto de Encuentro para que no manipule a su hija, M., contra su padre. Esto ha sucedido después de que se sobreseyera la denuncia que interpuso por violencia sexual del padre contra la hija. Le han aplicado el síndrome de alienación parental. Ahora cuenta con dos horas una vez a la semana para verla: dos horas para pasar un buen rato juntas, sostener la confianza y el vínculo. En esas mismas dos horas tiene que presentar ante las trabajadoras del PEF una buena imagen de sí misma y de las interacciones con su hija, porque del informe que ellas emitan depende la posibilidad de ampliar las visitas y, tal vez, recuperar la custodia. Un día le pregunta a su hija M.: «¿Qué tal estás?». La visita se interrumpe: la trabajadora de turno considera que se trata de un intento de sacarle información a su hija para instrumentalizarla de alguna manera.

---

131 M. L. Sacristán: «Programa Punto de Encuentro de APROME», cit., p. 134.

132 Junta de Castilla y León, Consejería de Familia e Igualdad de Oportunidades (2006): *Guía de intervención en los Puntos de Encuentro de Castilla y León,* Valladolid: Andrés Martín. En esta guía y en muchas otras obras en las que se sostiene la existencia del SAP, este se presenta como un síndrome sin género, que puede ser ejercido tanto por hombres como mujeres, para luego concluir siempre con estadísticas abrumadoras que sitúan a la mujer como la principal manipuladora.

G. nos muestra el informe que ha emitido el Punto de Encuentro Familiar al que lleva a su hija y a su hijo para encontrarse con su padre. «Valoramos —recoge el documento— que, más allá del cumplimiento formal del régimen, que la señora G. vive de manera forzosa, es preciso que ofrezca a L. un acompañamiento a nivel emocional adecuado que favorezca la creación de un vínculo seguro con su padre. Observamos indicadores de riesgo en el comportamiento de la señora G. por lo que se refiere al mantenimiento de la relación paternofilial». El informe lo pudo escribir un trabajador social o un educador, muy posiblemente sin ninguna formación en violencia sexual en la infancia. No sabemos si tuvo acceso a los tres informes (dos psicológicos y uno pericial) que recogían y consideraban veraz el testimonio de los dos hermanos, de acuerdo con los cuales su padre les hacía tocarle el pito con manos y boca y, a su vez, tocaba y chupaba sus genitales. No lo sabemos, pero su conclusión fue que en el caso del hijo «se daban las circunstancias para una ampliación progresiva del régimen [de visitas] para fortalecer el lazo paternofilial» y en el de la hija que fuera otra persona y no la madre «la que acompañe a la menor a los encuentros con el padre y facilite su cumplimiento».

Los Puntos de Encuentro Familiar son, bajo todo punto de vista, una anomalía: sus informes se dan por válidos no solo en procedimientos civiles, sino también en el ámbito penal, que debería ser el más garantista por sus consecuencias para las partes implicadas. Los documentos emitidos desde estos dispositivos son tomados como pruebas, se les otorga la capacidad de determinar hechos de manera fehaciente a pesar de su carácter privado y de la inexistencia de un régimen público de garantías acreditado de alguna manera. ¿Cómo es posible que merezca mayor garantía judicial la tasación de un collar robado o de una herencia mal repartida o cualquier conflicto civil que la decisión de arrancar a una criatura de su madre para dejarla con su padre, habiendo de por medio una denuncia por violencia sexual paterna?

Estamos convencidas de que muchos trabajadores y trabajadoras de estos centros desarrollan su tarea con esmero y con la mejor de las intenciones. El problema es de todo un mecanismo que les otorga el poder de decidir sobre la vida de otras personas a partir de sus observaciones en visitas de una o dos horas, en un espacio muy acotado y rígido, sin más herramientas que unos principios muy genéricos, formaciones sesgadas por la ideología del SAP y lo que cada cual traiga de casa. La tendencia de la mayoría es a sobreinterpretar los detalles y aplicar las lentes misóginas y adultocéntricas en las que nos han educado. No sería tan grave si no tuvieran la vida de otros en sus manos y si los mecanismos de control y transparencia no brillaran por su ausencia.

DEL OTRO LADO

I. NO ESTÁIS SOLAS, NO ESTÁIS SOLOS. CARTA DE UNA JOVEN SUPERVIVIENTE DE VIOLENCIA SEXUAL[133]

A mí nunca me han creído.

Nadie me ha escuchado, nadie me ha protegido, excepto mi madre.

Mi madre siempre ha estado ahí y solamente por defenderme la han denunciado, la han tratado de secuestradora, la han arrestado, y por eso es por lo que quiero que esto llegue a todo el mundo.

Porque quiero que la gente conozca la verdad y vea la realidad, la horrible realidad que nos han hecho pasar a nosotras, como a muchas madres y niños más.

Quiero que se den cuenta de que esto que leen aquí pasa de verdad.

Y que no podemos seguir permitiendo que los niños maltratados y abusados por sus progenitores estén con estos mismos.

No podemos seguir permitiendo que a estas madres protectoras se las siga tratando de criminales, porque no lo son.

No podemos seguir permitiendo que continúen viviendo esta pesadilla.

Como adolescente de dieciséis años que ha vivido esto y que aún sigue en tres juicios, quisiera decir a todos los niños que estáis pasando por este infierno o que no os atrevéis a contar lo que estáis pasando que no estáis solos en esto.

Que yo y muchas personas más estamos con vosotros.

---

133 I. escribió esta carta como aportación a la pieza teatral *Arrancamiento* y posteriormente la cedió para que fuera publicada en este cuaderno

Recuerdo que cuando tenía nueve años tenía una amiga maravillosa que me decía una y otra vez que no tuviese miedo a mi padre, porque yo era más fuerte que él. Eso me hacía seguir adelante. Por eso os digo yo ahora lo mismo, vosotros sois más fuertes que ellos, recordadlo siempre.

Pedid ayuda una y otra vez hasta que alguien escuche. Aunque estéis asustados, porque, aunque ahora haya gente que no os crea, vais a crecer y, cuando crezcáis, los que van a tener miedo son ellos, porque seréis libres y juntos podremos luchar contra la injusticia que nos han hecho vivir y para que ningún niño tenga que pasar por esto nunca.

No os rindáis nunca, no estáis solos.

II. TODOS LOS OJOS SE HAN VUELTO HACIA MÍ (FICCIÓN LITERARIA)

Transcripción ficticia del flujo mental de A. B. C., superviviente de violencia sexual por parte de su progenitor a la edad de cinco años, que vive bajo custodia exclusiva del padre desde los diez por orden judicial, en el transcurso de la entrevista que efectúa la psicóloga forense colegiada núm. 3245. La entrevista se realiza a petición del Juzgado de lo Penal núm. 827 de Argamasilla de los Secretos para revisión del régimen de custodia solicitada por la progenitora, pasada media década desde que el menor fue arrancado de su madre.

¿Y qué si dije aquello? ¿Y qué si no me acuerdo de lo que dije ni de por qué lo dije? ¿Cuántas veces más me va a preguntar por qué conté todo aquello? ¿Cuándo han necesitado tanto que reafirmase mis palabras? ¿Cuándo, en todos estos interrogatorios, en todas estas entrevistas, les pareció tan importante confirmar lo que declaraba aquel niño? ¿Qué es lo que conviene ahora? ¿Qué es lo que *me* conviene ahora? ¿Quién soy yo ahora que no era con cinco años, con siete, con diez?

Todos los ojos se han vuelto hacia mí. Esto es casi un alivio. Esto es… ¿el principio del alivio? Me acuerdo de cuando era tan pequeño, tan incapaz de expresar lo que me estaba pasando, y ellos preguntaban y preguntaban, y sin esperar respuesta se contestaban a sí mismos: «Esto te lo has inventado, ¿no? Dinos la verdad, dinos lo que queremos escuchar». Cada vez que estaba a punto de explicarlo me lo impedían. No tenía palabras, pero tenía un cuerpo agarrotado que se revolvía sin descanso en la butaca, y tenía un jersey entre las manos que azoté y estiré y estrujé durante treinta y cinco minutos. No vieron nada extraño en aquella tortura desmedida que le daba a la prenda de vestir. Nada de lo que pudo sacar por su boca aquel niño de cinco años los conmovió ni un poquito.

¿Cuánto tiempo ha pasado desde la última vez que alguien creyó lo que salía por mi boca? Casi tanto tiempo como desde la última vez que alguien dio importancia a una lesión de esas que manifestaba mi cuerpo pequeño, en otro tiempo, en aquel otro tiempo. Ella sí, ella sí les daba importancia, y por eso estamos donde estamos. Todo es igual y peor desde que vivo con él. Han seguido brotando heridas, roturas y contusiones, cada poco rato me ve un médico, ese amigo de él. Todo esto es lo que yo me hago, diré, si por casualidad a esta señora, a esta profesional que escucha tan bien, con tanta dedicación, le da por sacar lo del hombro dislocado de hace un año, o lo del dedo roto, o lo de la quemadura de cigarrillo: diré eso, sí, fui yo mismo, pero…

Parece que no va a importar, si me mantengo firme; parece que esta señora no va a ir por ahí. Le importan mis reacciones, mucho, qué intensidad en este momento en que alguien está pendiente de cómo me siento, cómo me expreso y cómo muevo las manos. Sus ojos y todos sus sentidos vueltos hacia mí. Mantengo las manos quietas, eso creo, controlo el tic que está a punto de salirme en el labio. No puedo dejar que se me note. Qué distinto todo de aquel otro momento, hace un millón de años, cuando querían que a toda costa les contase algo concreto, algo escabroso y sucio, y solo con las palabras que ellos podían asumir; pero aquel niño de cinco años solo sabía atizar y atizar el jersey que tenía entre las manos y decir: «No me cae bien. No quiero ir con él». Ellos perdían el interés cada minuto que pasaba. Qué distinto.

Las manos quietas, la voz serena —eso creo—, que no se aflaute, que no vacile. Todo depende de este momento. ¿Es posible dar marcha atrás a algo? ¿Es posible regresar a donde tuve suelo firme? ¿Es posible dejar atrás este sentimiento de haber roto todo lo bueno que hubo alguna vez? Le escondo el temblor que me asoma en el mentón, le escondo con la ropa los moratones que llevo en las muñecas, a veces a él se le va la mano. Todo tapado. No mostrar es mi consigna para salir de aquí. Lo que está pasando es increíble, quizá lo consiga. Quizá por fin consiga que todo vuelva a la normalidad. Que el tiempo dé un salto atrás. Que me quieran y me crean. Que me estimen y no me cuestionen. Que gane. ¿Podría pasar que ganase, por una vez?

Ganar hoy significaría no tener que hablar con ninguno de estos profesionales, nunca más. ¿Y después? ¿Va a quedarse tranquilo también él? ¿Va a dejar de retorcerme la muñeca cuando crea que tengo ideas en su contra, cuando crea que hago caso de cualquiera de las cosas que ella denuncia? ¿Va a dejar de hacerlo, salga como salga de esta entrevista? Yo no tengo ideas en su contra, yo ya no tengo ideas nada más que en mi contra. Me las tengo que guardar bien dentro y ser firme. Ser creíble. Qué sensación.

Y aunque a ella ya no la pueda ver más… Casi no recuerdo su cara y casi no recuerdo cuánto me contenía el cuerpo cuando yo temblaba. ¿Era verdad eso, yo temblaba? ¿Qué quiso decir esa persona de cinco, de siete, de diez años que supuestamente era yo, y a quien nadie más creyó salvo ella? ¿Qué le sucedió, le sucedió algo? Nada, nada, no le pasó nada, no lo tocó nadie, todo esto es por haberle contado unas pesadillas de crío y confusiones de crío y asuntos que no debería haber contado a nadie. Pasa que estoy aquí por su culpa. Pasa que me ha fallado. Todos me han fallado. Cuando fui a vivir con mi padre ella no cejó. Ella no se dio por vencida, pero a mí me han vencido entre todos. Yo no debería estar aquí exponiéndome, otra vez, y ella no debería salir por la televisión, y andar en politiqueos, y reunirse con gente y hablar mierdas que nadie le ha pedido.

Ahora quiere que vaya con ella y yo tengo que declarar. Pero yo no sé qué quiero. Cada vez que ella habla en público el que sufre soy yo. Él redobla la vigilancia, me lee el móvil, me lleva a su médico, me come la cabeza. Es que viví demasiado tiempo con ella y sabe cómo sacarme lo que no le cuento a nadie. Lo que aquel enano de cinco, de siete y de diez no se atrevía a contarle a nadie. Aquello que pasó, pero que no pasó, aquello que nadie ha creído nunca salvo ella. Todo va a ir a mejor si me mantengo firme, si repito el señuelo que él me ha enseñado, si me protejo. Ya no tengo un jersey que azotar, me lo hago a mí mismo desde hace tanto tiempo —los moratones, las quemaduras, las torceduras— que es sencillo sostener lo que tengo que decirles: que también todo aquello, lo que un niño de cinco años creía que le pasaba y contó a su madre, tampoco sucedió. Nada de aquello sucedió. Soy torpe y ansioso y culpable de todo lo que me pasa.

Y esta señora que tengo delante pregunta y pregunta y vuelve a preguntar, esta mujer quiere quebrarme. Qué distinto todo de aquellas otras sesiones. Esta entrevista debería haberse acabado hace quince minutos. No voy a cambiar mi versión, no esta vez. Es sencillo, nadie quiere creer a una criatura de cinco años. De siete. De diez. No sé quién era yo, ni dónde estaba ni cómo vestía. No sé nada de eso. No sé de qué me habla. No sé qué doctores son esos que nombra. No sé qué dijo aquel niño, no sé dónde quedó enterrada mi infancia, no sé cuánto vapulearon a aquella criatura a la que no creyeron. Solo sé que hoy es la última vez que me tengo que poner frente a uno de ellos.

Es importante mantenerme firme en lo que sale por mi boca: todo aquello me lo inventé.

No me acuerdo. No me acuerdo. No me acuerdo. Me lo inventé.

Pero hace rato que sé que, por más que insiste, la tengo en el bolsillo, que ya me ha creído. Hace rato que sé que solo cumple su papel. Aquel crío de cinco años ya no tiene que estrujar ningún jersey, solo negarse a sí mismo. No tengo que esforzarme más. Qué sensación esta: la de que me estén creyendo.

Psicóloga forense colegiada núm. 3245 remite al Juzgado núm. 827 de Argamasilla de los Secretos su informe, dando la revisión de custodia solicitada por la progenitora definitivamente por cerrada, dado que el denunciante, el menor A. B. C. de quince años, desdice los hechos denunciados hace una década. Se recomienda mantener el régimen de custodia del padre y asimismo incrementar la vigilancia en las visitas tuteladas de la madre con el menor A. B. C.

Fin de la transcripción ficticia.

III. ¿POR QUÉ EL NIÑO O NIÑA SE RETRACTA?[134]

La pregunta pertinente es ¿por qué el niño o niña se retracta? En realidad, la retractación forma parte del proceso de revelación. Así se recoge en todos los estudios y guías de actuación, como por ejemplo en esta de Save the Children:

La retractación es la negación por parte del niño o niña de su vivencia abusiva. La retractación puede ser total, cuando el niño o la niña niega haber sufrido la victimización antes revelada; o parcial, cuando minimiza lo revelado en un primer momento, bien en la gravedad de las conductas, la frecuencia o la duración.

Por este motivo, la actuación profesional debe considerar esta posibilidad, reconociéndola como una fase del propio proceso de revelación, con el fin de prevenir las situaciones y condicionantes que pueden favorecer una retractación, y en caso de que se produzca, reconocer los factores que han interferido en la disposición inicial.[135]

El documento técnico para la valoración de las sospechas de abuso sexual infantil elaborado desde la Dirección General de Políticas Sociales de Cantabria insiste en que, ante una retractación, no debe nunca invalidarse lo que la persona menor ha revelado. El informe recomienda, por el contrario, confirmar o desestimar la retractación «siguiendo los mismos lineamientos y precauciones con que se confirma o se descarta la revelación».[136]

La ya citada doctrina de la Fiscalía General del Estado remite al síndrome de acomodación al abuso sexual infantil como contenido explicativo sobre lo que puede ocurrir para que se produzca una retractación.[137] Este concepto sobre la acomodación a la conviven-

---

134 Apartado escrito por Antonio Escudero Nafs, doctor por la UAM tras un trabajo de tesis sobre los efectos de la violencia de género (2004), psiquiatra especialista en psiquiatría infantil y de la adolescencia por el SNS. Trabaja en un Equipo de Salud Mental del SERMAS; miembro de la sección Infanto-Juvenil de la AEN-PSM.

135 Véase Save the Children (27 de septiembre de 2020): *Módulo 3. La revelación de la violencia sexual,* disponible en https://www.savethechildren.es/sites/default/files/2020-09/ManualFormativo_Modulo3.pdf

136 Véase Irene V. Intebi (2008): Documento técnico: *Valoración de las sospechas de abuso sexual infantil,* Dirección General de Políticas Sociales de Cantabria, disponible en https://www.serviciossocialescantabria.org/uploads/documentos%20e%20informes/sospechasAbusoInfantil.pdf

137 Doctrina de la Fiscalía General del Estado, Circular 3/2009, de 10 de noviembre, sobre protección de los menores víctimas y testigos. Referencia: FIS-C-2009-00003: «Es también importante recordar que en ocasiones un menor que realmente ha sido víctima de abusos sexuales puede presentar síntomas aparentemente opuestos a las nociones de credibilidad y verosimilitud: secreto, sentimientos de desamparo, acomodación al abuso, reserva, mimetismo, depresión y ansiedad, confusión, demora en informar del abuso, descripciones inarticuladas e incluso retractación. Tampoco debe perderse de vista, en relación con los delitos contra la libertad sexual de menores, el denominado "síndrome de acomodación del abuso sexual infantil". Este síndrome describe que es habitual que el niño se vea presionado por sus sentimientos de culpa y por el sufrimiento de sus familiares, y sienta que tiene en su poder la responsabilidad de proteger o dañar a su familia, lo que puede generar falsas retractaciones» (pp. 26-27). Se puede acceder al texto completo de la circular en https://www.boe.es/buscar/doc.php?id=FIS-C-2009-00003

cia de niñas, niños y adolescentes con la persona que cometió un abuso sexual durante su infancia (así como con su entorno) fue descrito por Summit en 1983.[138]

> Los niños víctimas de abuso sexual se enfrentan a un trauma secundario en la crisis de descubrimiento. Sus intentos de reconciliar sus experiencias privadas con las realidades del mundo exterior se ven asaltados por la incredulidad, la culpa y el rechazo que experimentan por parte de los adultos. El comportamiento normal de afrontamiento del niño contradice las creencias y expectativas arraigadas que suelen tener los adultos, estigmatizando al niño con acusaciones de mentir, manipular o imaginar por parte de los padres, los tribunales y los médicos. Este abandono por parte de los mismos adultos que son cruciales para la protección y recuperación del niño lo lleva más profundamente a la culpa, al odio a sí mismo, a la alienación y a la revictimización [...]. Dentro de este clima de prejuicios, las opciones secuenciales de supervivencia disponibles para la víctima alejan aún más al niño de cualquier esperanza de credibilidad o aceptación externa. Irónicamente, la inevitable elección del niño de las opciones «equi vocadas» refuerza y perpetúa los mitos perjudiciales.

Summit recoge las reacciones más típicas de niños y niñas para «mejorar la comprensión y la aceptación de la posición del niño en la compleja y controvertida dinámica de la victimización sexual». Compone así su síndrome de acomodación al abuso sexual infantil como un «modelo simple y lógico para su uso por parte de los clínicos». Este modelo consta de cinco categorías: secreto, impotencia, atrapamiento y acomodación, revelación tardía y poco convincente, y retractación. Las dos primeras están relacionadas con la vulnerabilidad básica de la infancia, mientras que las otras tres son consecuencia de la agresión sexual y de la falta de escucha y desprotección que la infancia agredida encuentra en su entorno.

No podemos recoger aquí todo el desarrollo que hace Summit, pero, además de recomendar la lectura de su artículo completo, queremos resumir la secuencia que dibuja, a partir de algunos extractos.

1. *Secreto.* Como describe Summit: «De todas las explicaciones inadecuadas, ilógicas, interesadas o autoprotectoras proporcionadas por el adulto, la única impresión consistente y significativa que obtiene la niña es la de peligro y resultado temeroso basado en el secreto».[139]

---

138 Véase Roland C. Summit, M. D. (1983): «The Child Sexual Abuse Accommodation Syndrome», en *Child Abuse and Neglect,* núm. 7, pp. 177-193. (La traducción es nuestra).

139 Summit utiliza el femenino porque sus observaciones se basan en niñas, pero él mismo aclaró que no había que concluir por ello que no sucediese lo mismo en niños varones.

El secreto tiene su fundamento en el temor: «Por muy suave o amenazadora que pueda ser la intimidación, el secreto le deja claro a la niña que se trata de algo malo y peligroso. El secreto es a la vez fuente de miedo y promesa de seguridad: "Todo irá bien si no lo dices"». Sabemos que, si un niño o niña relata el abuso con muy poca edad, los adultos (partiendo del principio de que un padre no puede hacer «eso» y menos aún si es «biológico») le atribuirán el calificativo de «invención». Pero Summit recalca otra realidad: si la persona lo desvela años después, también aparecerá la sospecha sobre su veracidad, inscrita en la pregunta ¿y por qué ahora?

2. *Impotencia*. Summit describe cómo opera la suposición general de que «los niños que no se quejan actúan en una relación de consentimiento» (al igual que se aplica a las violaciones de una mujer adulta, por otro lado): «Cuando no hay lugar adonde huir, no les queda más remedio que intentar esconderse. Los niños generalmente aprenden a afrontar en silencio los terrores nocturnos. Las sábanas adquieren poderes mágicos contra los monstruos, pero no son rival para los intrusos humanos».

Y para el contexto judicial añade: «Es triste escuchar a niñas atacadas por los abogados y desacreditadas por los jurados porque afirmaron haber sido agredidas, pero admitieron que no habían protestado ni gritado».

3. *Atrapamiento y acomodación*. Podría aplicarse a esta categoría el término de indefensión. Summit la describe así: «El niño que se enfrenta a una victimización continua e impotente debe aprender a lograr de alguna manera una sensación de poder y control. El niño no puede conceptualizar con seguridad que un padre puede ser despiadado y egoísta; tal conclusión equivale al abandono y la aniquilación. La única alternativa aceptable para la niña es creer que ha provocado los encuentros dolorosos y esperar que, aprendiendo a ser buena, podrá ganar amor y aceptación. La desesperada asunción de responsabilidad y el inevitable fracaso en conseguir alivio sientan las bases para el odio hacia sí misma».

4. *Divulgación retrasada, conflictiva y poco convincente*. Summit la describe en un contexto judicial: «Los abogados saben que el testimonio no corroborado de un niño no condenará a un adulto respetable. La prueba en un tribunal penal requiere pruebas específicas "más allá de toda duda razonable" y todo jurado adulto razonable tendrá motivos para dudar de las fantásticas afirmaciones del niño. Los fiscales son reacios a someter al niño a un interrogatorio humillante, del mismo modo que son reacios a procesar casos que no pueden ganar. Por lo tanto, normalmente rechazan la denuncia basándose en la insuficiencia de pruebas».

5. *Retracción*. «Independientemente de lo que diga una niña sobre el abuso sexual, es probable que lo revierta. Detrás de la ira de la revelación impulsiva permanece la ambivalencia de la culpa y la obligación mártir de conservar a la familia».

Summit aporta en todo su análisis un hecho científicamente conocido: ya sea por intimidación, por creencias, por autoengaño, por conveniencia…, la mayoría de las madres ocultan o no dan crédito al desvelamiento que le hace su hija o hijo. Una de las cosas más perjudiciales desde el punto de vista psíquico para la víctima es que su madre, o su figura de referencia y cuidado, no le crea.

Summit escribió su artículo sobre el síndrome de acomodación al abuso sexual infantil en 1983, dos años antes de que Richard Gardner acuñara su síndrome de alienación parental. Por este motivo, en su descripción de la retractación no incluye ninguna referencia específica al contexto creado por este constructo pseudocientífico. La respuesta automática que desencadena la aplicación del SAP en los tribunales incluye la acusación al niño o niña de falsedad y «crueldad» por su revelación, la obligación de vivir exclusivamente con el padre denunciado (lo que acelera la aparición de una retractación) y la interrupción *sine die* del vínculo con la figura protectora, a la vez que califica a la madre de «maligna» y culpable de todo el horror sufrido. Pero, entonces, la bondad de una madre ¿en qué consiste?, ¿en callar?

CONCEPTOS 4

PATRONES

Un patrón es un modelo que sirve de muestra para sacar piezas iguales entre sí. Nos dice por dónde cortar la tela para que el vestido quede siempre igual, en tallas grandes y pequeñas. Nos ofrece un conjunto de soluciones de programación frente a problemas comunes en el desarrollo de *software*. En el caso de las sociedades humanas, hablamos de patrones estructurales cuando una serie de elementos están dispuestos de tal manera que las historias se repiten. No importa si es María o Carmen, de Cuenca o de Badajoz: dadas una serie de circunstancias, la historia empieza y termina igual. O casi igual. En el caso de violencia sexual paterna contra la infancia y la adolescencia, igual es mal. Termina mal o muy mal.

El estudio *Violencia institucional contra las madres y la infancia* identifica en las situaciones de violencia sexual paterna un patrón estructural que opera en un buen número de casos. El patrón, que no la historia, empieza con una revelación. Una criatura, por lo general de corta edad, verbaliza un abuso sexual por parte de su padre: «Papá me hace daño aquí», «Papá me hace pis en la boca», «Papá me obliga a tocar su cosa». La revelación no siempre es tan literal: a veces es un dibujo o el propio cuerpo el que lanza señales. Son señales lo suficientemente claras para que sea difícil mirar a otro lado. Le sigue la incredulidad: *No puede ser. Son fantasías, es un juego, lo estoy entendiendo mal.* Pero luego la duda se instala: *¿Y si es verdad? ¿Le puede estar pasando esto a mi pequeña? Le está pasando esto a mi pequeña. ¿Voy a quedarme cruzada de brazos?*

Suele ser la madre la que se encuentra en el centro del huracán. El mandato de protección que la sociedad coloca sobre sus hombros no es fácilmente esquivable. Ella, a veces *motu proprio*, a veces empujada por la tía, la abuela, la amiga, acude a algún servicio público: para contar lo que sabe, lo que intuye, para pedir ayuda, consejo, contención —*Díganme que no es cierto*—. Puede ser la pediatra, los servicios sociales, la maestra quien aterrice sus sospechas: *Hay indicios de abuso sexual.* A veces son estos mismos servicios públicos los que interponen la denuncia de oficio; otras, instan a la madre a tomar las riendas: *Tienes que denunciar, es tu obligación.* Pero el consejo, casi una orden, suele llegar sin asesoramiento ni acompañamiento: no hay profesional ni servicio que ofrezca información sobre los pasos a seguir, sobre cuál es el mejor modo de proceder en función de la edad y de las circunstancias, menos aún apoyo integral durante un proceso que se promete arduo. No es maldad: la falta de dispositivos específicos se mezcla con el desconocimiento. También con el miedo a lo innombrable: tal es el tabú que rodea la violencia sexual paterna que la exhortación a la denuncia suele venir acompañada, paradójicamente, de cierto grado de incredulidad, duda, cuestionamiento; por supuesto, también de esa pizquita de juicio tan omnipresente en todo lo que rodea la maternidad: por defecto o por exceso, siempre habrá algo que la madre no esté haciendo bien, algo del mandato de maternidad que no cumplirá adecuadamente. La acción contundente para ofrecer amparo y protección, para preservar la integridad física y psíquica de esa niña, queda postergada, su urgencia, difuminada, porque, *quién sabe*, igual es todo un invento, *esa madre parecía confusa, inestable, retorcida.*

La segunda fase de este patrón se despliega cuando aparece el derecho penal. La madre, que ya no puede hacer como que no sabe, decide denunciar: porque es lo que le han aconsejado, porque todo el mundo le dice que es la única manera de probar las agresiones, porque no tiene muchas más vías para evitar que el padre pase tiempo a solas con el niño. A partir de ese momento, entra en el mundo de la racionalidad punitiva, que más que proteger, más que investigar, se centra en la acusación, la prueba y el castigo: individual, ahistórica, fuera de todo contexto. Inmersa en el callejón de lo penal, descubre de golpe que la carga de la prueba recae plenamente sobre los minúsculos hombros de su hija, hijo, hije: es ese ser pequeño, en crecimiento, quien, con sus herramientas, tiene que demostrar lo que pasó. *¿Qué te hizo, dónde, cuándo? ¿Le dijiste a tu papá que no te gustaba? Pero tu papá te quiere, ¿lo sabes? ¿No sería de broma, jugando? ¿No será que te lo inventas?*

Toda la entereza que las mujeres violadas y abusadas deben tener ante los tribunales para repetir una y otra vez el relato de los hechos, esa misma entereza se demanda a niñas y niños de cuatro, seis, nueve años. Para ser escuchada, su voz debe atravesar no solo lo impensable del incesto, sino también el desconocimiento que existe en los juzgados sobre violencia sexual contra la infancia y la tentación de mirar hacia otro lado. Así, se pretende que la criatura verbalice actos de violencia perpetrados por su padre en un escenario extremadamente formal, ante un grupo de adultos del todo desconocidos que la miran inquisitorialmente y anotan todo lo que dice. Esto sucede, además, sin ningún abogado presente ni ninguna persona de confianza, sin que la criatura alcance a comprender lo que está pasando ni el impacto que va a tener sobre su vida lo que diga o no diga ahí. Si, en ese espacio y en ese tiempo constreñidos y asépticos, la criatura no logra verbalizar la violencia o si esta verbalización no se considera creíble bajo la mirada de los adultos, la acusación se revierte automáticamente: no para recaer sobre el niño o la niña abusados, como sucede en las violaciones de personas adultas, sino sobre su madre.

El fantasma de la manipulación materna aparece así, permitiendo eludir el deber de investigación, presuponer que el niño o la niña fantasea, que es la madre quien le ha inducido esos «recuerdos a todas luces falsos», achacarle a ella intereses espurios, mirarla como a una histérica, una loca. *¿Cómo no enloquecer, por otro lado, pensando que el padre de tus hijos abusa sexualmente de ellos y que nadie está dispuesto a hacer nada al respecto?*

Agarrándose a una hipótesis nunca demostrada de programación materna, se invalidan no pocas veces pruebas aportadas por la madre, se desatienden y se frivolizan informes médicos, psicosociales y periciales que recogen el relato de la violencia sexual sufrida, se aplica una lupa misógina que pone bajo sospecha cada movimiento de la madre y, sobre todo, no se crean condiciones para una verdadera escucha a la criatura. Mientras se resuelve el proceso judicial, los días pasan y nadie parece querer valorar el riesgo al que está expuesta esa niña, niño o niñe en sus sucesivos encuentros con el potencial agresor.

No es que queramos poner en entredicho el derecho a la presunción de inocencia, pero llama la atención el sesgo en un caso y otro. No bastan quintales de informes médicos y psicológicos, declaraciones directas o grabadas para sustentar una acusación de abusos sexuales de un niño o una niña, pero la mera insinuación de que la madre puede tener «motivaciones secundarias» para denunciar es suficiente para dar por sentado que estas motivaciones espurias son ciertas y que la denuncia debe ser archivada o sobreseída. Una vez archivado o sobreseído el caso, esta decisión judicial se toma como prueba de que la instrumentalización por parte de la madre es cierta, sin que se haya documentado ningún acto concreto de manipulación. ¡Ay de madre y criatura si se producen nuevos hechos de violencia sexual y osan recurrir otra vez a la justicia!

Es frecuente entonces que el abogado que lleve la defensa legal del padre denunciado por violencia sexual le recomiende pedir en el juzgado de familia la modificación de medidas o bien directamente la custodia compartida o exclusiva. No importa que ese padre no haya mostrado antes mucho interés en ver a su hijo o hija, que se haya saltado reiteradas veces las visitas fijadas en el acuerdo de separación o que cada vez que haya tenido que quedarse con sus criaturas las haya dejado al cuidado de la abuela paterna; no importa tampoco que se haya pasado meses enteros desaparecido, que se haya olvidado de pagar la pensión de alimentos un mes sí y otro también, ni siquiera que no haya reconocido oficialmente a su hija y no conste en su partida de nacimiento. Pelear la custodia es un modo de dar un giro al proceso, de invocar el SAP y de librarse de la denuncia penal. Lo saben los bufetes de abogados y así se lo transmiten a los progenitores denunciados.

En principio, si hay un procedimiento penal abierto contra el padre por violencia en el seno de la familia, no se deberían permitir visitas sin supervisión, sobre todo si la violencia afecta a menores. Así lo establecen nuestro ordenamiento jurídico y también el sentido común.[140] Sin embargo, cuando el caso llega a la instancia civil, no es raro que la óptica del «conflicto familiar» se imponga sobre todas las demás lecturas.

De hecho, siguiendo el hilo del patrón identificado, no es raro que estos juzgados actúen como si el proceso penal por violencia sexual no existiese. Tampoco es raro que los casos de sobreseimiento provisional se equiparen a una absolución, cuando lo único que indican es que hasta ese momento, no se han podido acumular suficientes indicios como para llevar al padre a juicio. Ni en uno ni en otro caso se evalúa el riesgo que puede suponer para la criatura la convivencia no supervisada con un padre sobre el que existe la sospecha fundamentada de violencia sexual. En juzgados entrenados en dirimir disputas familiares, se concede absoluta prioridad al vínculo con el padre, que debe ser preservado aun a costa del bienestar emocional y físico de la niña, niño o niñe.

Esto es particularmente sangrante cuando la criatura manifiesta un abierto y reiterado rechazo al padre y sigue insistiendo en afirmar que el padre le hace daño. Nadie indaga aquí en los motivos de este rechazo, tampoco se establecen conexiones entre el rechazo y las pruebas e informes previos que hablan de violencia sexual: introduciendo la óptica del SAP, se da por supuesto que la única raíz posible de un rechazo así es la manipulación de la madre. Nuevamente, no parece necesario demostrar ningún acto concreto de manipulación, porque el rechazo infantil al padre se considera prueba suficiente.

A partir de ese momento, nada de lo que diga la niña importa ya: para su buen desarrollo psicoevolutivo, es «fundamental» mantener la relación con el padre y, como la madre demuestra actitudes de «obstrucción» de esa relación, debe ser «apartada», porque encarna un «riesgo» para el menor.[141] Así, como quien no quiere la cosa, el síndrome de alienación parental queda clavado como una daga en el corazón del proceso y la terapia de la amenaza empieza a desplegarse tal y como la concibió Gardner, aunque no siempre se la nombre explícitamente.

---

140 El artículo 92.7 del Código Civil establece: «No procederá la guarda conjunta cuando cualquiera de los progenitores esté incurso en un proceso penal iniciado por intentar atentar contra la vida, la integridad física, la libertad, la integridad moral o la libertad e indemnidad sexual del otro cónyuge o de los hijos que convivan con ambos. Tampoco procederá cuando el juez advierta, de las alegaciones de las partes y las pruebas practicadas, la existencia de indicios fundados de violencia doméstica o de género. Se apreciará también a estos efectos la existencia de malos tratos a animales, o la amenaza de causarlos, como medio para controlar o victimizar a cualquiera de estas personas». El Tribunal Supremo en auto de 11 de enero de 2023, rec. 8870/2021, ECLI:ES:TS:2023:581A, ha planteado que este artículo podría colisionar con algunos artículos de la Constitución española relativos al interés superior del menor y la protección de la vida familiar (concretamente, artículo 10.1 de la CE, relativo al derecho al libre desarrollo de la personalidad; artículo 8 del CEDH, que protege la vida familiar; artículo 39, apartados 1, 2 y 4 de la CE, que consagra el principio del interés superior del menor). El debate de fondo aquí tiene que ver con la definición del interés superior del menor: ¿debe priorizarse a toda costa el vínculo paternofilial o debe primar la protección del menor frente a la violencia intrafamiliar? Nosotras no albergamos dudas en afirmar lo segundo.

141 Véase la entrada sobre el síndrome de alienación parental en Conceptos 1 (p. 19).

En este momento es alta la probabilidad de que el proceso vuelva a lo penal en forma de denuncias contra la madre: por denuncia falsa, por desobediencia al régimen de visitas o por sustracción, un tipo penal que llega incluso a aplicarse en casos donde ella tiene la custodia exclusiva.[142]

En la leña que se echa a estos procedimientos, llama la atención el sesgo contra la madre, los actos sutiles que pueden proyectar la sombra de sospecha sobre ella y hacerla aparecer como un riesgo para su hijo. No importa que en el expediente haya testimonios escalofriantes de niños y niñas, validados por psicólogos y peritos, narrando abusos sexuales paternos. Si la madre se tensa al llegar al Punto de Encuentro, si extiende un poco más de la cuenta el abrazo de despedida a su hijo, si le pregunta con señales corporales de ansiedad: «¿Qué tal ha ido?», un trabajador social sin formación en violencia en el ámbito familiar puede escribir: «Observamos indicadores de riesgo en el comportamiento de la señora X por lo que se refiere al mantenimiento de la relación paternofilial». Puede recomendar terapia para la madre «para diferenciar sus angustias personales de las de sus hijos», algo que rara vez se recomienda al padre. Puede concluir que es preciso «ampliar el régimen de visitas para reforzar el lazo paternofilial». Todos estos documentos podrán ser tenidos en cuenta en los procedimientos penales contra ella.

Fuera de la microhistoria familiar, ajenos al contexto donde se ha desplegado, la madre que escuchó las revelaciones de sus hijos, que se documentó y consultó con profesionales, que finalmente pensó que denunciar era el modo de protegerlos, tiene siempre un aspecto nervioso, lábil, inestable, histérico.

Si la madre no se resigna y continúa peleando la custodia en lo civil, si además acumula denuncias contra ella en lo penal (por dañar el derecho al honor, por denuncia falsa, por incumplimiento del régimen de visitas…), si osa interponer una denuncia en lo penal ante un nuevo hecho de violencia contra su criatura, estará cavando su propia tumba y la de su prole. Cada movimiento, que será leído como un nuevo intento de manipulación y obstrucción, podrá justificar una limitación de la relación maternofilial.

No ponemos en entredicho la posibilidad de que un progenitor *malmeta* a su hijo contra el otro progenitor; lo que ponemos en cuestión es que esta práctica, sin duda negativa, se psiquiatrice, que la sola hipótesis de que esto pueda estar sucediendo baste para obstruir toda investigación e incluso para tapar múltiples indicios de violencia sexual, que se castigue con una virulencia sin igual y que se aplique casi en exclusiva a las mujeres. Presentada como un «riesgo» para sus hijos, la madre

---

142 Tal y como dicta la sentencia de la Sala Segunda del Tribunal Supremo emitida el 8 de marzo de 2024. Véase Marta Nebot, «La sala segunda del Tribunal Supremo se caga en el 8 de marzo», en *Público*, 10 de marzo de 2024, disponible en https://blogs.publico.es/otrasmiradas/81093/la-sala-segunda-del-tribunal-supremo-se-caga-en-el-8-de-marzo

puede llegar a perder la custodia por completo o, incluso, se le puede retirar la patria potestad, en contra de la voluntad expresada y gritada por sus hijos. *¡Quiero volver a ver a mi madre!* Como R., que solo puede hablar con su hija dos horas por teléfono a la semana. O J., que no podrá saber nada de él hasta que cumpla los dieciséis. ¿Su delito? Escuchar a sus criaturas cuando les narraron abusos sexuales, documentarse y contrastar con profesionales, recurrir a los tribunales siguiendo los consejos difundidos por organismos públicos, tratar de protegerlas aun a costa de sí mismas.

Dentro de este patrón, pues, son reconocibles la deslegitimación o la negación de los relatos de violencia sexual que hacen niños y adolescentes y la culpabilización a las infancias o a sus madres de la violencia recibida. Unas y otras se trenzan con la misoginia estructural para tejer una intrincadísima tela de araña que condena a niñas, niños y niñes a la violencia, y mina y arruina a sus madres. El mensaje para navegantes es claro: ¡que vuelva a imponerse la ley del silencio! El derecho del *pater familias* es sagrado.

Hablamos de un patrón que se repite muchas veces. Demasiadas.

MILITANCIA FRENTE A LA VIOLENCIA INSTITUCIONAL DEL SAP

En el Encuentro Internacional Feminista de 25 de febrero de 2023, organizado por el Ministerio de Igualdad, la fiscal de sala contra la violencia sobre la mujer Teresa Peramato afirmó:

> El síndrome de alienación parental no existe, es un invento y parte de presupuestos falsos: que el niño miente, que la madre es malvada y que el padre es bueno. Y la respuesta es la terapia de la amenaza. El niño acaba con el padre o institucionalizado, y la madre sin la custodia.[143]

Hasta que hemos llegado a oír a esta fiscal afirmar públicamente que lo que hemos vivido y vivimos mi hija y yo, y cientos de mujeres y criaturas, es violencia institucional han pasado nueve larguísimos años de tortura; una tortura que todavía no ha terminado, y aún queda tiempo para que veamos el final de este horror. Pero al menos hemos conseguido visibilizar la lucha de las madres protectoras como sujeto político, gracias a la pelea y a la constancia de muchas madres e infancias, apoyadas por profesionales, en distintos países del mundo. Hace apenas tres años nadie hablaba de las madres protectoras. Hemos pasado por criminalizaciones salvajes, hemos sido acusadas de organización criminal y hemos sido insultadas y atacadas por diferentes medios de comunicación. La infancia de nuestras hijas e hijos ha sido silenciada, arrancada, institucionalizada y entregada a sus padres en contra de su voluntad.

Cuando una mujer oye de la boca de su hija o hijo narrar una escena de incesto o se enfrenta a los partes de lesiones físicas, o a informes médicos que lo acreditan, el mundo entero se tambalea bajo sus pies y comienza una auténtico via crucis de lo más absurdo y perverso, podría decirse kafkiano. Ya hemos visto el «patrón»: tras denunciar la situación en

---

143 Puede verse la intervención completa de Teresa Peramato y del resto de participantes en la mesa bajo el título «Justicia feminista» en https://www.youtube.com/watch?v=Jb0HPDHLfeU. Sobre la construcción del síndrome de alienación parental, véase Conceptos 1 en este mismo volumen (p. 19).

los juzgados, ya sea por parte de pediatría, la policía o los servicios sociales, el rato o las pruebas de violencia sexual son cuestionadas y se acusa a la madre de manipular o instrumentalizar a su criatura contra el padre, que acaba convirtiéndose en víctima para las instituciones. En más del 80 % de los casos, los procesos penales de denuncia de violencia sexual intrafamiliar son archivados:[144] los juzgados de familia determinan que no ha pasado nada y que, si no cumples el régimen de visitas, si no obedeces, puede haber un cambio de custodia. En los casos más extremos, dependiendo del juez o la jueza que te toque o del grado de desobediencia por proteger a tu hija o hijo, la situación puede acabar con un arrancamiento (retirada de custodia, incluso de la patria potestad) y años sin volver a ver a tu hija o hijo, que incluso puede acabar internado o internada en un centro de menores, o entregada directamente a su padre denunciado por violencia sexual.[145]

Los primeros momentos quieres pensar que no es verdad lo que está pasando, pero lo tienes delante y muy presente. Cuando empiezas a ser consciente de cómo desoyen a tu hija o hijo, de cómo te insultan en los juzgados, de las multas económicas, de cómo te tratan de loca y manipuladora, piensas: «Estoy teniendo mala suerte, en algún momento esto va a terminar y alguien escuchará a mi hija y pondrá cordura a semejante barbaridad». Pero eso no pasa y parte de tu entorno no puede asimilar el tabú y no comprenden que, incluso habiendo partes de lesiones, las instituciones no hagan nada y, no solo eso, que empiecen a caerte delitos penales como si fueses una criminal. Tu mayor preocupación es la manera de proteger a tu hija o hijo, que esté segura o seguro. Es una lucha por la vida, por defender la vida y el cuidado, y por que tu peque pueda vivir sin miedo, que sea escuchada y respetada. Pero en un proceso judicial esto es una quimera. Te enfrentas a la angustia de tu hija o hijo, que no quiere ir con la persona que le hace daño, que no quiere ir más veces a un juzgado a declarar porque le tratan mal, y haces lo imposible para intentar sacar de esa situación terrible a quien más quieres en el mundo.

Empiezas a ser consciente de que esto que vives no solo te pasa a ti, sino que les ocurre a cientos de mujeres en diferentes partes del Estado español, incluso comienzas a leer denuncias a organismos internacionales de mujeres de Francia, Argentina, Portugal, Brasil, Grecia, Colombia… Y conoces a otras madres y a otros niños y niñas que están pasando lo mismo que vosotras y a profesionales que denuncian la tortura del síndrome de alienación parental. Y juntas comenzáis a investigar qué está pasando, cuántos casos puede haber, de dónde sale este síndrome y cómo funciona solo en los juzgados, quién promueve la formación en SAP, incluso en las universidades. Empezáis a organizaros y a sentiros más fuertes, porque la madre que tienes al lado está viviendo la misma atrocidad que tú, porque sus hijos o hijas son maltratadas de la misma manera sistemática, porque también ellas se enfrentan a delitos penales de desobediencia, sustracción…

---

144 «El 86 % de las denuncias de abusos sexuales intrafamiliares a menores de ocho años se archiva sin llegar a juicio», en *Público*, 17 de marzo de 2023.

145 Véanse Conceptos 1 y 2 en este mismo volumen (pp. 19 y 51).

Descubres que es un negocio, que hay todo un circuito de servicios y figuras profesionales privadas o públicas externalizadas, bufetes de abogados, consultas psicológicas, etcétera, que viven de la aberración que estás sufriendo. En una de las numerosas reuniones que tuve al principio con las instituciones, cuando todavía el concepto de «madres protectoras» no existía como sujeto político, un señor de un partido de izquierdas, tras explicarle mi caso, nos dijo: «Pero esto es un caso aislado. No podemos hacer nada, ¡encájalo!». En ese momento, atónita ante estas palabras, pensé: «Lo personal es político, la experiencia individual que estoy viviendo conecta con muchas otras que están viviendo otras mujeres. Esta vulneración de derechos humanos es un problema político en una estructura patriarcal judicial». Desde entonces, no he parado de organizarme colectivamente con otras mujeres que han vivido o viven la misma situación. De este acuerpamiento es de lo que voy a hablar, de nuestra investigación militante durante años en un proceso de fuerte violencia institucional, de persecución a nuestras hijas e hijos y a nosotras mismas por protegerlos.

Tras un primer momento de encierro, de tristeza, de desesperación y asimilación de lo que vives, te conviertes en militante porque no te dejan otra opción. Militante viene del latín *militare,* «practicar el ejercicio de las armas», y el primer paso es investigar y conocer dónde estás sumergida: ¿qué es el SAP? ¿De dónde viene esto que te están aplicando en los juzgados? ¿Cuáles son los organismos que forman a las juezas y jueces, a los equipos psicosociales, a los servicios sociales, a las trabajadoras de los PEF? Estos PEF, como hemos explicado, son la mayor pesadilla que una madre y un niño o niña puedan imaginar.[146]

En un servicio público especializado de la Comunidad de Madrid, su abogada te advierte: «¡Para ya! Si sigues luchando, te van a quitar a tu hija, te van a aplicar el SAP y no la vuelves a ver. Adáptate, ya no se lo volverá a hacer. Obedece, el tiempo pasa rápido, enseguida tu hija crecerá». No das crédito y tratas de documentar cada barbaridad para dar sentido a lo que está ocurriendo. Un amigo te recomienda leer un informe de Save the Children que habla del SAP. Se titula *La justicia española frente al abuso sexual infantil en el entorno familiar* y es de septiembre de 2012.[147] Terminas de leerlo y eres consciente de que no hay esperanza: eso es lo que te espera, lo que os espera. Es una investigación de cuatro casos parecidos al tuyo, es lo mismo que estás viviendo. En poco tiempo, tras ir a jornadas y seminarios, conoces a mujeres como tú, algunas de ellas están destrozadas, deprimidas, angustiadas, paralizadas…, pero las que tenéis más energía y menos miedo empezáis a actuar.

Faltan datos. Es increíble que no se tengan datos sobre el número de denuncias de incesto en este país, sobre el número de archivos de plano en penal, sobre cuántas

---

146 Véanse las entradas «Equipos psicosociales judiciales» y «Puntos de Encuentro Familiar» en Conceptos 3 (pp. 83 y 91).

147 Save the Children (septiembre de 2012): *La justicia española frente al abuso sexual infantil en el entorno familiar. Un análisis de casos a la luz de los estándares internacionales de derechos humanos,* Ministerio de Sanidad, Servicios Sociales e Igualdad, disponible en https://www.savethechildren.es/sites/default/files/imce/docs/informe_justicia_esp_abuso_sexual_infantil_vok-2.pdf

órdenes de protección se dan en estos casos, sobre la aplicación del síndrome de alienación parental; que no haya perspectiva de infancia y de género en los juzgados; que nadie cuente y muestre que después de denunciar violencia sexual paterna las criaturas acaban con la persona a la que han denunciado y las madres acaban castigadas. Hay que conseguir datos: lo que no se nombra no existe.

Nos reunimos con asociaciones de infancia, con partidos políticos, con todo el mundo, y les trasladamos la situación de vulneración de derechos humanos apoyándonos en trabajadoras sociales que viven el problema de cerca y están sensibilizadas. Queremos datos. Somos de distintas comunidades autónomas, denunciamos en las asambleas de nuestras comunidades la tortura de «la terapia de la amenaza», los estereotipos de género, la formación en SAP de los agentes jurídicos y no jurídicos.

Vamos al Congreso de los Diputados a denunciar el SAP, al Senado a pedir datos. Nos dicen que los datos los tienen que dar los ayuntamientos, servicios sociales. Allá vamos: nos reunimos con los servicios sociales, con los concejales de los ayuntamientos de distintas comunidades autónomas. No, los datos los tiene que proporcionar el Consejo General del Poder Judicial. Allá vamos: nos reunimos con el Observatorio de Violencia del CGPJ, no obtenemos respuesta, seguimos a la espera. Hay que reunirse con la Dirección General de Infancia. Allá vamos, con datos, con cifras, con sentencias, con partes de lesiones. No nos ofrecen soluciones, nos dicen que denunciemos ante el Comité de los Derechos del Niño de la ONU. Y mientras, siguen el infierno, las amenazas, las multas judiciales...

A la vez intentamos sensibilizar en jornadas sobre la infancia, en la prensa, allá adonde vamos. Poco a poco nos vamos convirtiendo en grandes conocedoras de derecho, de psicología infantil, de política institucional, de cómo relacionarnos con los medios de comunicación, de cómo funcionan el constructo del SAP y la terapia de la amenaza. Y seguimos amenazadas y coaccionadas, denuncia tras denuncia. Vas viendo cómo muchas madres van perdiendo a sus hijos e hijas con arrancamientos, años sin verlos, centros de menores.

Algunas no pueden más, no pueden enfrentarse a esta situación, las enferma: migrañas, depresión, ansiedad, fibromialgia y un largo etcétera. Las que tenemos más fuerza nos vamos repartiendo tareas: ella es intérprete, habla cuatro idiomas, se encarga de los escritos de denuncia a entidades internacionales; a ella se le da bien hablar en público, se encargará de dar la cara en los organismos internacionales, su situación es menos peligrosa y además tiene arrojo y entereza y, sobre todo, quiere hacerlo; yo redactaré los textos, se me da bien escribir y he aprendido derecho internacional de la mano de mujeres expertas que nos han ayudado; pues a mí se me da bien la estrategia en medios; y yo soy abogada de familia, pásame el auto y el escrito de tu abogado, que te echo una mano.

En esta militancia obligada hemos creado horizontes colectivos de acción. Donde no han llegado abogadas o profesionales de la sanidad, de la psicología, trabajadoras sociales o políticos y políticas, nosotras hemos llegado. A la fuerza, nos hemos convertido en expertas en este infierno. Hemos creado protocolos de seguridad, protocolos de anonimato para realizar cuestionarios que recojan toda la documentación, con mucho amor, mucho tacto, mucho cuidado, entrevistando nosotras mismas a otras mujeres en la misma situación, desde el respeto y el amor.

Conozco a mujeres que tienen más conocimientos sobre el SAP, sobre derecho y leyes que cualquier otra persona del Ministerio de Igualdad. Compartimos mucha información y sabiduría. Con apoyo de expertas y con muchas horas de estudio, conseguimos convertirnos nosotras mismas en conocedoras del derecho internacional y presentamos un informe sombra de veinte casos en el Comité para la Eliminación de la Discriminación contra la Mujer (CEDAW) de Naciones Unidas y nos fuimos a Ginebra a denunciar esta tortura. Conseguimos que el Grupo de Expertas en la Lucha contra la Violencia contra la Mujer y la Violencia Doméstica (GREVIO), en sus informes al Estado español, pida explicaciones por la vulneración sistemática que se está produciendo en nuestros casos. Conseguimos que relatores expertos de la ONU emitan comunicaciones al Estado español. Conseguimos llevar nuestra voz al Parlamento Europeo. Conseguimos crear redes con mujeres de otros países que viven el mismo infierno e intercambiamos todos nuestros saberes.

Y seguimos, no vamos a parar, porque nos va la vida de nuestras hijas e hijos, que es la nuestra. Vamos a seguir acuerpándonos y, aunque hay situaciones de dureza y de fricción en este camino, rupturas, duelos, decepciones por la violencia de lo que vivimos, por los egos, por diferentes intereses, algunas de nosotras hemos conseguido entendernos y llegar a puntos de equilibrio, de apoyo y, cuando una no puede, es otra la que empuja. Hemos encontrado a personas muy lindas que nos proporcionan reparación y apoyos fundamentales para todo lo hecho y lo que queda por hacer. Mujeres que llevan al teatro nuestra lucha,[148] que escriben de forma comprometida y respetuosa lo que vivimos, que organizan observaciones jurídicas de nuestros juicios,[149] que nos invitan a foros de reconocido prestigio para que seamos escuchadas.

A pesar del desgarro y del dolor que nos atraviesan por el arrancamiento de nuestras criaturas, a pesar de la impotencia por no poder sacarlas de su infierno, apostamos por la sororidad para sostener esta situación en colectivo y no solas, y resistir de la mejor manera hasta que termine este sinsentido y poder acompañar a nuestras hijas e hijos en su propio camino de reparación.

---

148 Es el caso de la obra de teatro *Arrancamiento*, con guion de Iván Larreynaga, dirección de Laura Pacas e interpretación de Pamela Palenciano, estrenada en el Teatro del Barrio de Madrid en junio de 2023. Más información en https://teatrodelbarrio.com/arrancamiento/

149 Como la Associació Dones Juristes, que, «haciendo uso de una de las herramientas históricas de los derechos humanos como es la observación de juicios», realizó en abril de 2023 la observación jurídica del juicio contra una madre protectora «mediante dos observadoras de la entidad, expertas en derecho penal, para monitorear el desarrollo del juicio oral y de sus garantías, así como la sentencia que se dicte sobre este caso representativo, para poder realizar un pronunciamiento público sobre el mismo». Véase el *Comunicat de Dones Juristes sobre el judici de la mare protectora S.A.*, 11 de abril de 2023, disponible en https://donesjuristes.cat/comunicat-de-dones-juristes-sobre-el-judici-de-la-mare-protectora-s-a/

CONCEPTOS 4

MÁS ALLÁ DEL SAP

La lucha de las madres protectoras pone el foco en un terreno, el de la familia, en transformación y disputa. Los feminismos, los movimientos LGTBIQ+, las asociaciones por los derechos de la infancia han peleado durante décadas por el reconocimiento de la soberanía de cada ser humano sobre su propio cuerpo y por la condena de la mal llamada «violencia doméstica»: esa violencia ejercida de manera habitual por el *pater* sobre el resto de integrantes de la familia como mecanismo para asegurar su poder y cimentar la estructura familiar en torno a su autoridad.

Algunas de estas demandas han encontrado traducción legislativa. Desde el reconocimiento de la igualdad ante la ley entre hombres y mujeres (1978), la despenalización del adulterio, el amancebamiento o la homosexualidad (1978) y la legalización del divorcio (1981) hasta la ley contra la violencia de género de 2004 o la ley de protección a la infancia y la adolescencia frente a la violencia de 2021, se ha creado un nuevo marco para las mujeres y las infancias en el seno de la familia en el que la libertad y el igualitarismo parecerían combinarse con formas de protección para garantizar una vida libre de violencia para todos sus integrantes.

Sin embargo, las historias de las madres protectoras y el día a día de los juzgados de infancia, familia y violencia sobre la mujer nos muestran la debilidad de todo este aparato legislativo. Sus disposiciones, protocolos y normativas resultan endebles frente a un patriarcado que hunde sus raíces en la estructura material y simbólica de nuestras sociedades y encuentra en sede judicial importantes adalides. Tras desentrañar el ecosistema del SAP y su efecto sobre las infancias y las madres que denuncian violencia sexual paterna, queremos presentar tres ámbitos jurídicos donde hoy por hoy se disputa lo que entendemos por violencia, familia, vínculo y autonomía. Aspiramos así a conectar la lucha de las madres protectoras con lo que viven muchas otras mujeres e infancias, entrampadas en procesos de divorcio, denuncias de violencia y litigios de custodia, para visualizar algunos de los puntos de ataque de la reacción patriarcal.

Lo hacemos en buena medida porque constatamos que la preocupación y el activismo de las fuerzas conservadoras en todo lo que tiene que ver con la familia, en particular en relación con el comportamiento de las mujeres y las infancias, no se ve contrarrestado ni desde la progresía institucionalizada ni desde los movimientos que aspiran a una transformación social. Así, la beligerancia de la reacción patriarcal se encuentra con un absentismo desde la izquierda en asuntos de familia, fuera de la defensa de la diversidad en los modos de constituirla. Esto deja campo abierto para el pleno despliegue de las visiones más retrógradas en muy diversos ámbitos: en la formación de operadores jurídicos, en el diseño de campañas públicas, en el entramado de empresas que gestionan la mayoría de los servicios públicos externalizados, etcétera. Este absentismo deja solas a las madres, criaturas y jóvenes sobre las que el patriarcado se está tomando su revancha. Así pues, esta última ficha de conceptos es también una interpelación, un llamado a la acción, una invitación a unir los puntos que, a pesar de parecer dispersos, componen una línea.

INTERÉS SUPERIOR DEL MENOR

Cuando los juzgados se enfrentan a denuncias por violencia contra la infancia en el marco familiar, ¿cómo indagan en la experiencia de los más pequeños? ¿Cómo interpretan qué es, para ellos, la familia? ¿Cómo averiguan qué es lo que más les interesa contar y hacer? ¿Cómo descubren qué les gusta y qué otras cosas, en cambio, les dan asco o miedo? ¿Cómo leen sus reclamos de protección? Se trata de preguntas muy complejas, clave para que los juzgados puedan adecuarse a los modos de expresión y actuación de la infancia y proponer estrategias de protección que reconozcan su absoluta necesidad vincular. Por desgracia, esto no es lo que suele primar en la actuación judicial.

Los testimonios de figuras protectoras de niñas y niños en situaciones de violencia machista coinciden en señalar que, en los juzgados, «los tratan como adultos», con prisas, interrogatorios con lenguajes que no entienden con claridad, en espacios hostiles e intimidantes no adaptados para ellos. Los silencios, las alusiones a la falta de recuerdo, las frases a veces muy cortas, los detalles que en ocasiones parecen oníricos, los «no lo sé, pero me lo hace, me lo hace» no se consideran relatos legítimos, porque se miden con estándares probatorios de la justicia adulta. La expectativa de obtener de la boca de una niña o niño una verbalización que sea concisa, detallada y congruente sobre experiencias de violencia que ni siquiera los operadores jurídicos están preparados para escuchar da cuenta de un sistema judicial adultocéntrico que se cierra en banda ante lo impensable.

El prisma adultocéntrico es incapaz de leer los silencios de niñas y niños ante algunas preguntas, pero, sobre todo, emborrona sus palabras, esas que se abren paso balbuceantes en medio de un contexto poco formado para recibirlas. El estudio *Violencia institucional contra las madres y la infancia* recoge algunas escenas abrumadoras de adultocentrismo judicial.[150] Entrevistas a criaturas de muy corta edad que parecen interrogatorios, con preguntas cerradas y directas que se suceden a veces sin esperar a la respuesta de la pregunta anterior; repreguntas y afirmaciones

---

150 Débora Ávila *et al.*: *Violencia institucional contra las madres y la infancia. Aplicación del falso síndrome de alienación parental en España*, cit., pp. 115-116.

que transmiten claramente incredulidad; preguntas sobre los posibles motivos o intenciones del padre («¿No sería un juego?»); reproches y afirmaciones valorativas, así como recuerdos del vínculo afectivo con el padre denunciado («Tu papá te quiere mucho»), pasando por alto que el vínculo con el agresor aumenta los sentimientos de culpa de las criaturas abusadas y refuerza la inclinación a guardar silencio.[151] En estos casos, el adultocentrismo y la ideología familiarista han dictado sentencia incluso antes de que las entrevistas se hayan realizado: los niños y niñas tienen que estar con su madre y, sobre todo, con su padre. Esa es la interpretación que se aplica aquí del interés superior del menor.

Sobre el papel, el interés superior del menor es un concepto jurídico con una triple dimensión: es al mismo tiempo un derecho, un principio y una norma procedimental. Así pues, habiendo diferentes intereses a la hora de dirimir sobre una cuestión que afecta a una niña, esta tiene derecho a que su interés prime por encima de todos los demás. Por otro lado, si una disposición jurídica admite más de una interpretación, este principio jurídico exige elegir aquella que satisfaga de manera más efectiva el interés del niño involucrado. Por último, como norma procedimental, obliga a que, siempre que se tome una decisión que afecte a una persona menor de edad, el proceso incorpore una estimación de las posibles repercusiones de esa decisión sobre su vida. La evaluación y la determinación de su interés superior requerirán todas las garantías procesales. Esto incluye garantizar su acceso a la justicia y su derecho a ser oída, ambos derechos fundamentales de los que debe poder disfrutar plenamente, en concordancia con su grado de madurez.[152] Debe poder hacerlo, además, a título personal, con independencia de sus progenitores o tutores legales.[153]

De acuerdo con la Ley Orgánica de Protección Integral a la Infancia y la Adolescencia frente a la Violencia, la interpretación del interés superior del menor (ISM) tiene que estar «orientad[a] a que la persona menor de edad crezca en un entorno afectivo y sin violencia que incluya el derecho a expresar su opinión, a participar y ser tomado en cuenta en todos los asuntos que le afecten, la educación en derechos y obligaciones, favorezca el desarrollo de sus capacidades, ofrezca reconocimiento y orientación, y permita su pleno desarrollo en todos los órdenes».[154]

---

151 Ibídem, p. 115.

152 Sobre la necesidad de adaptar los procedimientos de derecho civil, administrativo y de familia a los menores y garantizar su acceso a la justicia y su derecho a ser oídos, véase el informe sobre la protección de los derechos del menor en los procedimientos de Derecho civil, administrativo y de familia A9-0033/2022 - 23.2.2022 - (2021/2060(INI)) del Parlamento Europeo, disponible en https://www.europarl.europa.eu/doceo/document/A-9-2022-0033_ES.html

153 Ibídem.

154 Ley Orgánica 8/2021, de 4 de junio, de Protección Integral a la Infancia y la Adolescencia frente a la Violencia, publicada en el BOE el 5 de junio de 2021, disponible en https://www.boe.es/boe/dias/2021/06/05/pdfs/BOE-A-2021-9347.pdf

Por desgracia, más allá y más acá de los textos legislativos, el adultocentrismo y los estereotipos sobre la niñez y la familia sesgan la lectura de este principio jurídico. Cuando las y los menores manifiestan claramente el deseo de no vivir con su padre y relatan experiencias de violencia, a primera vista pareciera que el interés superior del menor se enfrenta a los derechos paternos de visita y que aquel extremo de la ecuación debe primar sobre este. Sin embargo, mientras que los derechos paternos están claramente definidos en el Código Civil, existe un debate abierto sobre la interpretación jurídica del interés superior del menor. Algunos operadores jurídicos hacen coincidir el ISM con los derechos paternos, defendiendo que mantener el vínculo paternofilial es una necesidad fundamental del desarrollo psicoevolutivo del niño o niña, aun en contra de la voluntad expresa de la criatura y aunque el hombre que ahora reclama su paternidad la hubiera ejercido poco o nada hasta la fecha.[155] Se apoyan para sus argumentos en que no existen textos jurídicos que ofrezcan una definición clara del ISM.

Otros, en cambio, instan a tomarse en serio las formulaciones internacionales del ISM, de acuerdo con las cuales los niños y niñas tienen derecho «a expresar su opinión libremente en todos los asuntos que les afectan», por lo que esta opinión debe ser tenida «debidamente en cuenta […] en función de [su] edad y madurez» (Consejo de Europa, 2016). Asimismo, subrayan la importancia de incluir en la interpretación del ISM «la obligación de proteger (a niñas y niños) contra toda forma de violencia: lo que a juicio de un adulto es el interés superior del niño (o niña) no puede primar sobre la obligación de respetar todos» sus derechos (Comité de los Derechos del Niño).[156] En este sentido, el Decreto Ley 26/2021, que modifica los preceptos del Código Civil de Cataluña, supone una gran mejora, al prohibir la atribución de guarda, estancias, relaciones y comunicaciones entre hijos e hijas y padre en casos de violencia vicaria machista, así como estancias y comunicaciones entre hijos/hijas y padre o madre que maltrata en casos de violencia familiar.[157]

La primera interpretación del ISM, aquella que lo hace coincidir con el derecho de visita paterno, lee los intereses de la infancia desde un prisma adultocéntrico que borra la subjetividad de niños y niñas, sus opiniones, miedos y emociones, sus contextos de vida y relaciones, su necesidad de vivir libres de (la amenaza de) violencia.

---

155 Esta formulación aparece en todos los ámbitos que aplican el síndrome de alienación parental y que invocan el «derecho de visita».

156 Véase la Observación General N° 13 (2011) del Comité de los Derechos del Niño: Derecho del niño a no ser objeto de ninguna forma de violencia (CRC/C/GC/13), disponible en https://bienestaryproteccioninfantil.es/observacion-general-no-13-2011-del-comite-de-los-derechos-del-nino-derecho-del-nino-a-no-ser-objeto-de-ninguna-forma-de-violencia-crc-c-gc-13/, y la Observación General N° 14 (2013) sobre el derecho del niño a que su interés superior sea una consideración primordial (artículo 3, párrafo 1), disponible en https://www.refworld.org/es/ref/legalpolicy/crc/2013/es/95780

157 Decreto Ley 26/2021, de 30 de noviembre, de modificación del libro segundo del Código Civil de Cataluña en relación con la violencia vicaria, disponible en https://noticias.juridicas.com/base_datos/CCAA/713144-dl-26-2021-de-30-nov-ca-cataluna-modificacion-del-libro-segundo-del-codigo.html

No tiene en cuenta las situaciones previas, no se pregunta si la paternidad reivindicada se ha ejercicio anteriormente ni en qué términos o cómo puede beneficiar a la criatura el vínculo paternofilial cuando hay antecedentes de abandono o violencia. Así, con esta óptica, se hace de la necesidad virtud y la familia patriarcal, esto es, centrada en la autoridad del *pater familias*, se presenta como el único marco de protección y bienestar para el desarrollo de una criatura humana.

La segunda interpretación del ISM, en cambio, se toma en serio el derecho de las niñas y niños a ser oídos, establece las condiciones para una escucha seria y adaptada a su grado de madurez y, cuando se topa con revelaciones o indicios de violencia puntual o habitual, establece medidas de protección que tienen en cuenta las circunstancias y contextos de vida y relación. Imprime así una óptica donde la infancia deja de ser un apéndice o posesión del *pater familias* y los derechos de niños, niñas y niñes pueden abordarse en sus propios términos, primando todas las cuestiones que afectan a su vida.

CUSTODIA COMPARTIDA

En 2022, el 77,53 % de las personas ocupadas a tiempo parcial eran mujeres. El primer motivo para encontrarse en esta situación es no haber podido encontrar un trabajo a tiempo completo; el segundo motivo de la ocupación a tiempo parcial es el cuidado de niñas y niños o de personas adultas enfermas. Dicho con otras cifras, el 93 % de las personas con una reducción de jornada para el cuidado de niñas, niños o adultos en 2022 eran mujeres. Con escasas variaciones, estos datos se han mantenido estables en los últimos veinte años.[158]

Una de cada cinco mujeres empleadas entre veinticinco y cincuenta y cuatro años con hijas e hijos a su cargo trabajaba en 2022 a tiempo parcial, porcentaje que dista mucho de la proporción de hombres en esa misma situación: solo el 4,1 % con una hija o hijo ha reducido su jornada.[159] Para ese mismo año, el porcentaje de mujeres que solicitaron una excedencia para el cuidado de hijas e hijos fue del 88,02 % del total que incluye a hombres y mujeres. Veinte años atrás, esta cifra alcanzaba el 96,67 %.[160]

El estudio «Desigualdades de género en el trabajo remunerado y el no remunerado tras la pandemia», publicado en 2023 por el Observatorio Social de la Fundación La Caixa, revela que las mujeres dedican cada semana quince horas más que los hom-

---

158 La fuente de todos estos datos es el Ministerio de Igualdad, disponible en https://www.inmujeres.gob.es/MujerCifras/Conciliacion/ExcedPermisos.htm

159 Elena Omedes (17 de octubre de 2022): «España mejora en conciliación, aunque las mujeres con hijos todavía trabajan seis veces más a tiempo parcial que los hombres», en *20 Minutos,* disponible en https://www.20minutos.es/noticia/5069242/0/espana-mejora-conciliacion-aunque-mujeres-con-hijos-trabajan-seis-veces-mas-parcial/

160 Ministerio de Igualdad, disponible en https://www.inmujeres.gob.es/MujerCifras/Conciliacion/ExcedPermisos.htm

bres a las tareas del hogar y al cuidado de su prole, un total de setecientas ochenta horas más al año. Y aunque sabemos que los números, por sí solos, no ofrecen nunca un retrato fino de la realidad social, en este caso la experiencia colectiva de todas nos permite completar el cuadro.

Podemos poner esto junto a los datos sobre custodias compartidas y pensar en la relación entre el desigual reparto de cuidados entre hombres y mujeres y el hecho de que, en 2022, España registrara el porcentaje más elevado de custodias compartidas en procesos de divorcio con hijos, el 45,5 %. La serie histórica del Instituto Nacional de Estadística (INE), que comenzó en 2013, situaba en 12,3 % la cifra para ese año.[161] A la hora de disolverse la pareja, pareciera como si un terremoto sacudiera los cimientos de esa familia que, hasta ese momento, estaba sostenida en un buen número de casos por el trabajo doméstico de la madre.

Ese 45,5 % de hombres divorciados, cuyo número no deja de crecer, dispuestos a asumir el cuidado de sus hijos en igualdad de términos que sus exparejas ¿dónde estuvo todo el tiempo que duró el matrimonio? ¿Puede un divorcio materializar en tan solo nueve años una auténtica revolución feminista? Esos padres que habían delegado durante años la responsabilidad de los cuidados en sus esposas ¿experimentan en el momento de la separación una revelación que los empuja inexorablemente a una paternidad responsable e igualitaria? Quizá alguno haya al que el cambio en sus circunstancias vitales le lleve a proponerse hacer lo que antes hacía casi en exclusiva la madre…, pero cuesta creer que este sea el caso del 45,5 %. ¿O quizá es el mandato de un juez capaz de demoler a golpe de sentencia lo que el patriarcado ha esculpido en siglos de existencia?

Obviamente, algo no encaja en este relato. La custodia compartida parece a primera vista un horizonte hacia el que caminar. Pero ese horizonte no debería ser sino la continuación lógica de un cambio previo operado en el seno de la familia; uno que supondría una distribución equitativa del cuidado entre los dos progenitores; uno que implicara que los padres saben qué medicinas toma su hije, tienen anotada en la agenda la siguiente cita médica o cuándo pedir una reunión con la tutora del cole; uno que permitiera a las madres cumplir con sus obligaciones laborales porque disponen del mismo tiempo que los padres; uno que garantizara que en la nevera hay lo necesario, porque tanto ellos como ellas anticiparon las necesidades alimenticias; un cambio, ya que estamos, que eliminara la separación jurídica entre patria potestad y custodia, distinción de clara raíz patriarcal que durante décadas ha sostenido un andamiaje en el que las mujeres se hacían cargo de la custodia (léase de los cuidados) mientras que los hom-

---

161 «España registró en 2022 el porcentaje más elevado de custodias compartidas en procesos de divorcio con hijos, el 45,5 %», Europapress, 23 de julio de 2023, disponible en https://www.europapress.es/sociedad/noticia-espana-registro-2022-porcentaje-mas-elevado-custodias-compartidas-procesos-divorcio-hijos-455-20230713130603.html

bres no renunciaban a su poder sobre su descendencia, ostentando en todo caso su patria potestad. Aunque este cambio sigue quedando lejos, las leyes de nuestro país han ido transformándose para dar cabida a la custodia compartida.[162] En su mayoría, como una opción, si bien ha habido intentos de imponer su estatuto de normalidad.[163] La jurisprudencia también ha caminado en pro de la generalización de la custodia compartida, entendiéndola en numerosas sentencias como la fórmula más deseable[164] y extendiéndose cada vez más entre la judicatura un sentir que prioriza este régimen.

La clave del debate social abierto pivota en torno a la necesidad o no de «mutuo acuerdo» a la hora de concederse la custodia compartida. Las visiones feministas han defendido con rotundidad la importancia de esta voluntariedad y mutuo acuerdo de las partes, en tanto que se entiende la custodia compartida como reflejo de las pautas de cuidados equitativas construidas durante años en el seno de la familia. Así, la disolución de la pareja debería permitir la continuidad del régimen de cuidados que ha reinado mientras existía la familia. Y para que ello se sostenga, debería valer con el acuerdo privado entre los progenitores, sin la necesidad de intermediación de juez alguno, abriéndose así una reflexión sobre el preocupante auge de la judicialización de la vida y lo que ello implica: introducir a un desconocido, que aplica las lógicas del derecho y no de la vida, para decidir cosas tan importantes como la estructura familiar en la que crecerá la infancia.

---

162 Las dos leyes más importantes en este sentido fueron la Ley 15/2005, de 8 de julio, conocida como Ley de Divorcio Exprés, y la Ley Orgánica 3/2007 de 22 de marzo, para la Igualdad Efectiva de Mujeres y Hombres. La primera abre la puerta a la custodia compartida, establece que esta se otorgará si se pide de mutuo acuerdo por ambos progenitores y previo informe favorable del Ministerio Fiscal (en 2012, una sentencia del Tribunal Constitucional núm. 185/2012, de 17 de octubre, declaró inconstitucional y nulo el inciso «favorable» del informe del Ministerio Fiscal exigido para la adopción del régimen de guarda y custodia compartida. Dicho informe se prevé ahora, sin tal carácter, en el artículo 92 bis.3 del CC). Si no hay acuerdo, el juez podrá concederla solo de forma extraordinaria y, de nuevo, previo informe favorable del Ministerio Fiscal (artículo 92 del CC). La segunda definió en su artículo 4 el principio de igualdad de trato entre mujeres y hombres como un principio informador del ordenamiento jurídico, y como tal debía integrarse y observarse. A la par, mediante una serie de previsiones, se reconoce el derecho a la conciliación de la vida personal, familiar y laboral y se fomenta una mayor corresponsabilidad entre mujeres y hombres en la asunción de obligaciones familiares.

163 Este fue el caso del anteproyecto de ley sobre el ejercicio de la corresponsabilidad parental en casos de nulidad, separación y divorcio redactado en 2013, que confería a la modalidad de custodia compartida un estatus de normalidad en el nuevo artículo 92 bis.1 del CC, frente al carácter excepcional que proclama el vigente artículo 92.8. El anteproyecto no llegó a aprobarse, si bien generó mucho debate social e impuso un nuevo sentir judicial, materializado en el respaldo por unanimidad al anteproyecto aprobado en un pleno del Consejo General del Poder Judicial.

164 La Sala 1.º del Tribunal Supremo ha mantenido la custodia compartida como el sistema más beneficioso para el interés de los hijos e hijas, reflejándolo en sus sentencias, en las cuales recoge que conforme a la actual regulación la custodia compartida no se puede considerar una medida excepcional, sino que, por el contrario, habrá que considerarla normal o incluso deseable. El Tribunal Supremo ha dictado determinadas sentencias que han hecho posible que esta fórmula se establezca en un número creciente de casos. En concreto, en su sentencia de 29 de abril de 2013, pionera en esta materia, señaló que la redacción del artículo 92 del Código Civil «no permite concluir que [la guarda y custodia compartida] se trate de una medida excepcional, sino que, al contrario, habrá de considerarse normal e incluso deseable, porque permite que sea efectivo el derecho que los hijos tienen a relacionarse con ambos progenitores, aun en situaciones de crisis, siempre que ello sea posible y en tanto en cuanto lo sea» (sentencia del Tribunal Supremo 257/2013, 29 de abril de 2013, disponible en https://vlex.es/vid/guarda-custodia-compartida-jurisprudencial-438316050).

Así pues, desde posiciones feministas se cuestiona que la custodia compartida se determine por imposición judicial y por defecto, sin ninguna consideración del contexto y circunstancias, puesto que, en situaciones de desigualdad y violencia, crea un escenario donde los padres utilizan a los hijos para seguir ejerciendo su control sobre las madres. En el extremo opuesto, son cada vez más las voces desde la derecha y la extrema derecha que defienden esta medida, a la vez que reclaman la vuelta de las mujeres a la feminidad del ángel del hogar.

Las leyes y la jurisprudencia parecen posicionarse de forma clara en este debate. Así, se ha eliminado la condición de que los progenitores mantengan una buena relación para establecer la custodia compartida,[165] se han producido intentos de que este sistema pueda adoptarse incluso en aquellos casos en los que ninguno de los progenitores lo ha solicitado[166] y son varias las comunidades autónomas que, alejándose de los criterios más restrictivos del Código Civil español, fijan la custodia compartida como prioritaria.[167]

Este desarrollo jurídico ha ido en paralelo a la proliferación de asociaciones de padres en pro de la custodia compartida por defecto, poco sospechosos de feministas, muy patentemente afines a la extrema derecha y con conexiones con periódicos que amplifican el impacto de sus posicionamientos. Estos hombres van tejiendo en las redes un relato de agravios históricos en relación a la custodia de su prole (aunque coincidan en cifras históricas los escasos hombres que ostentaban la custodia compartida con los escasos hombres que la solicitaban), de madres usurpadoras que les arrebataban a sus hijes para quedarse con la casa y su sueldo. Hombres que acuden a los juzgados cargados de documentos que acreditan que pueden hacerse cargo de sus hijos e hijas, en los que solicitan una jornada flexible o una reducción de jornada que antes nunca habían pedido.

Un sector de la derecha más rancia está organizando esta exigencia masculina en torno al «movimiento de derechos de los hombres», desde el que se repite, cual

---

165 Sentencia del Tribunal Supremo de 22 de julio de 2011 FJ 4.º

166 Una de las medidas que introducía el anteproyecto de ley sobre el ejercicio de la corresponsabilidad parental en casos de nulidad, separación y divorcio redactado en 2013, tanto en la exposición de motivos como en el artículo 92 bis 1, párrafo 2.º, es que el sistema de custodia compartida pueda adoptarse incluso en aquellos casos en que ninguno de los progenitores lo haya solicitado. En la actualidad, esta posibilidad tiene un carácter excepcional según el Código Civil. El intento más reciente en este sentido ha sido la proposición de ley de impulso a la guardia y custodia compartida de los menores en los casos de ruptura de la convivencia de los progenitores, presentada por el grupo parlamentario Ciudadanos el 24 de febrero de 2023, que también buscaba fijar la custodia compartida como prioritaria, sin necesidad de acuerdo entre las partes.

167 El «movimiento de derechos de los hombres» surge en Estados Unidos como escisión antifeminista del movimiento de liberación masculina, creado al calor de los feminismos de la década de 1970. Mientras que el movimiento de liberación masculina incorpora la teoría feminista y, a partir de la constatación del coste para los varones de la masculinidad tradicional, se alía con las luchas feministas por la transformación social, el «movimiento de derechos de los hombres» considera a los hombres víctimas del feminismo y defiende el orden patriarcal en la familia, las escuelas y los lugares de trabajo. Su internacionalización y proliferación a partir de la década de 2010 puede leerse como una reacción a la marea feminista global.

insistente letanía, que las mujeres «se llevan a los hijos».[168] Una entidad como SOS Papá, militante de la custodia compartida desde posiciones misóginas, se empeña en sostener que las mujeres obtienen la custodia exclusiva en un 95 % de las situaciones, pero no aclara de dónde saca esos datos repetidamente desmentidos por el INE. Arguye, además, que esta supuesta apropiación de los niños por parte de las madres no solo es una violencia contra los padres, sino que les incita a reaccionar violentamente: «Es incuestionable la situación de discriminación, maltrato y violencia a que se ven sometidos los padres separados. [...] Esta sí es violencia de género cometida contra los varones por parte de las mujeres y el Estado. El tormento que tal injusticia supone, aunada con la más absoluta sensación de impotencia, empuja en ocasiones a estos hombres a la desesperación y a la autodefensa violenta».[169] Resulta difícil desentrañar en qué estudio empírico basan la cifra que ofrecen de hombres afectados por esta situación: «Durante las separaciones, el 100 % de los padres son víctimas de esta violencia de género».[170]

El 11 de mayo de 2023, otra entidad alineada en la misma causa, la Asociación contra la Sustracción Internacional de Menores, emitió un comunicado que llevaba este argumento al extremo: «Los hombres han tomado nota de que si les secuestran a sus hijos, no van a verlos jamás. Ante este panorama, no resulta extraño que algunos acudan al asesinato preventivo de sus mujeres».[171] El texto se publicó en Twitter a partir de la decisión de la judicatura suiza de dar protección internacional a una madre y sus hijos. La madre había denunciado abusos sexuales del padre contra los niños, pero no había conseguido protección en España;[172] sin embargo, el Tribunal Supremo Federal de Suiza les permitió quedarse en el país.[173] Para ello,

---

168 Cinco comunidades autónomas han aprobado leyes propias para favorecer la custodia compartida: Aragón (2010), Catalunya (2010), Comunitat Valenciana (2011), Navarra (2011) y Euskadi (2015). Estas normas varían en su contenido y énfasis, siendo las de Aragón, Comunitat Valenciana y Euskadi las que más claramente apuestan por la custodia compartida como modelo preferencial. Esta última aprobó en 2015 una ley que establece la custodia compartida como prioritaria. Fue fruto de un acuerdo entre PNV y PP con la abstención del PSE y la oposición de Bildu.

169 SOS Papá: «¿En qué consiste la custodia compartida?», disponible en https://www.sospapa.es/custodiacompartida.php

170 Ibídem.

171 Emiliano Medina y Abel de Céspedes (11 de mayo de 2023): «Comunicado de la Asociación Contra la Sustracción Internacional de Menores», publicado en el perfil de Twitter de la asociación. Varios periódicos se hicieron eco de la noticia. Véase, por ejemplo, «Una asociación ligada a Vox justifica el "asesinato preventivo" de mujeres», en Público, 15 de junio de 2023, disponible en https://www.publico.es/mujer/asociacion-ligada-vox-justifica-asesinato-preventivo-mujeres.html

172 Este caso fue documentado por Marisa Kohan (13 de julio de 2021): «V. S., otra mujer víctima de violencia vicaria: "Me amenazó con matar a mis hijos y la justicia se los entrega"», en Público, disponible en https://www.publico.es/sociedad/veronica-saldana-mujer-victima-violencia-vicaria-me-amenazo-matar-mis-hijos-justicia-entrega.html#analytics-noticia:contenido-enlace

173 Sobre la decisión de la judicatura suiza de otorgar protección internacional a V. S., léase Patricia Reguero (17 de mayo de 2023): «La justicia suiza respalda a una mujer que se exilió para proteger a sus hijos tras no ser oída en España», en El Salto, disponible en https://www.elsaltodiario.com/madres-protectoras/justicia-suiza-respalda-mujer-exilio-proteger-hijos-no-ser-oida-espana

aplicó el artículo 13b del Convenio de La Haya, que permite denegar la petición de entrega de menores cuando existe un grave riesgo para ellos: en este caso, el riesgo se fundamentaba en la actuación previa del padre y en el riesgo de encarcelamiento de la madre.[174] Esta decisión excepcional fue el detonante del comunicado de la Asociación contra la Sustracción Internacional de Menores. Nadie señaló a esta asociación por su legitimación explícita del feminicidio.

Desde la magistratura, no se suele indagar con esmero y finura en los porqués de una paternidad tan repentinamente activa, que contrasta con la no implicación (cuando no el directo abandono) del pasado. Más bien, se tiende a aplaudir esa reactivación paterna y, desde esa lógica individualizadora que lo jurídico impone, se dejan de lado los efectos del desigual reparto de los cuidados sobre la posición socioeconómica de la parte del matrimonio que se dedicó a ellos.[175] A la hora de tomar una decisión judicial, tampoco se pone sobre la mesa la posición de desigualdad estructural que la mujer ocupa y, cuando no hay acuerdo sobre la custodia entre los progenitores, no se indaga en los motivos. El hecho de que haya sido la madre la principal cuidadora durante los años anteriores a la separación no se incluye entre los criterios para la determinación de la guarda y custodia en estos casos, y más bien se activa la inmensa cantidad de clichés que pueblan los imaginarios colectivos en torno a la maternidad y el cuidado. Al fin y al cabo, los jueces no dejan de ser personas que, como cualquier otro ciudadano, viven inmersas en un contexto patriarcal que propicia la incorporación de estereotipos de género.

El hecho es que, cuando no hay mutuo acuerdo sobre la custodia de las hijas e hijos ni una implicación equitativa en la crianza, lo que parece un marco ideal puede indicar o motivar situaciones, cuando menos, inquietantes. Por un lado, en una situación de separación conflictiva en la que no ha sido posible la comunicación para llegar a un acuerdo, la custodia compartida impuesta judicialmente obliga a los progenitores a mantener un contacto no deseado, perpetuando las fuentes de conflicto, poniendo con ello en peligro el bienestar y la estabilidad emocional de las criaturas, que se ven obligadas a vivir inmersas en el conflicto. Por otro lado, desoye

---

174 Aunque el Convenio de La Haya exige la inmediata restitución de menores al país donde estuviera establecida su residencia cuando se produce el traslado considerado ilícito, el artículo 13b suspende esta exigencia si se demuestra que «existe un grave riesgo de que la restitución del menor lo exponga a un peligro físico o psíquico o que de cualquier otra manera ponga al menor en una situación intolerable» (*Convenio de 25 de octubre de 1980 sobre los aspectos civiles de la sustracción internacional de menores*, disponible en https://www.hcch.net/es/instruments/conventions/specialised-sections/child-abduction). Véase también Marisa Kohan (9 de mayo de 2023): «Suiza usa un resquicio del Convenio de La Haya para proteger a una madre española y a sus hijos del padre», en *Público*, disponible en https://www.publico.es/mujer/suiza-resquicio-convenio-haya-proteger-madre-espanola-hijos-padre.html

175 En 2021, solo el 7,24 % de las divorciadas lograron la concesión de pensiones compensatorias tras dedicarse en el matrimonio al cuidado de los hijos y del hogar; véase Ana María Pascual (15 de junio de 2023): «Una jueza otorga a una mujer divorciada el 25 % del medio millón de euros ahorrados por el marido durante el matrimonio», en *Público*, disponible en https://www.publico.es/politica/jueza-otorga-mujer-divorciada-25-medio-millon-euros-ahorrados-marido-matrimonio.html

el interés superior de la infancia, al no tener en cuenta el hecho de que, si su cuidado ha recaído sobre uno de los progenitores casi en exclusiva o primordialmente, a los efectos emocionales que trae consigo la separación se sumarán los cambios radicales en el cuidado que el paso a la custodia compartida introduce (la gradualidad en la aplicación de la custodia compartida ni siquiera aparece como opción). Por último, al no haber una vigilancia y seguimiento de las resoluciones impuestas sin el acuerdo de las partes, se dan por cumplidas las promesas del progenitor de liberar tiempo para la crianza, cuando en muchas ocasiones lo que en realidad sucede es que esta se desplaza a otras mujeres (abuelas paternas, hermanas mayores, nuevas parejas femeninas o empleadas del hogar y los cuidados).

Cuando las separaciones se producen en contextos de violencia machista, la custodia compartida impuesta puede funcionar como un espacio perfecto para el ejercicio de la violencia vicaria. Por más que la nueva Ley Orgánica 8/2021, de 4 de junio, de Protección Integral a la Infancia y la Adolescencia frente a la Violencia afirme que «no procederá la guarda conjunta cuando cualquiera de los progenitores esté incurso en un proceso penal iniciado por atentar contra la vida, la integridad física, la libertad, la integridad moral o la libertad e indemnidad sexual del otro cónyuge o de los hijos que convivan con ambos», lo cierto es que la dificultad probatoria de la violencia machista (especialmente de la violencia económica, psicológica y sexual) hace que la mayoría de los casos se archiven o no se lleguen ni a denunciar.[176] Esto permite que muchos padres denunciados puedan solicitar la custodia exclusiva o compartida una vez que su causa ha sido sobreseída.

En contextos de violencia machista, pues, la reivindicación de la custodia exclusiva o compartida por parte del progenitor agresor puede funcionar como un instrumento para causar dolor e impedir la recuperación de la mujer («Mientras están conmigo, te los arrebato»), abriendo secundariamente la puerta para que este daño se extienda también a las hijas e hijos, lo que incrementa, a su vez, el sufrimiento de la madre, ante la imposibilidad de protegerlos.

Así pues, decisiones supuestamente igualitarias tomadas en los juzgados de familia otorgan a hombres violentadores un arma muy poderosa. De hecho, ponen a su disposición las instituciones y el derecho de familia para dañar a la mujer. Y ello por no reconocer que el edificio de la custodia compartida está construido sobre un terreno de orografía muy dispar. Las situaciones de partida (y estructurales) de mujeres y hombres en relación con el cuidado son tan desiguales que hacer tabla rasa de ellas resulta muy peligroso. Máxime si se tiene en cuenta que quizá la bata-

---

176 Save the Children calcula en un 72 % los sobreseimientos de las denuncias por violencia sexual contra niñes y adolescentes. Ello sin contar con el hecho de que en nuestro país solamente el 15 % de las situaciones de violencia sexual que sufren les niñes adolescentes llegaría a los tribunales. Fuente: Save the Children (2017): *Ojos que no quieren ver. Los abusos sexuales a niños y niñas en España,* disponible en https://www.savethechildren.es/publicaciones/ojos-que-no-quieren-ver

lla que se libra en los juzgados no tiene (solo) que ver con el número de días que cada progenitor comparte con sus hijos e hijas, con la conciliación o las prácticas de cuidado igualitarias o cómo aprender a gestionar culturalmente los divorcios. El interés y los recursos que las organizaciones y los partidos de ultraderecha están poniendo en la reivindicación de la custodia compartida por defecto no parece que se derive de una nueva preocupación por la corresponsabilidad. Lo que está en juego más bien es la figura del *pater familias* y, con ella, de la estructura familiar tradicional, puestas ambas en jaque por la nueva autonomía de las mujeres, por el empuje del feminismo y por el espacio que se les da y que toman les niñes para expresar sus deseos fuera del marco del autoritarismo adulto.

El *pater familias,* cuyo poder es la patria potestad, es el único sujeto de derechos que permanece sin variaciones desde el primer código civil de la Edad Moderna. Encarnación del poder patriarcal y representante de la institución familiar, constituye un pilar a consolidar no solo por el conservadurismo, sino también por el neoliberalismo, comprometido con el primero (a pesar de sus diferencias) en la salvaguarda de una institución, la familia, que quiere promocionar como alternativa al Estado del bienestar, como contraparte necesaria de la libertad de mercado.[177] El impulso feminista amenaza así un sostén fundamental del orden social, y la justicia patriarcal parece haberse atribuido la misión de defenderlo y apuntalarlo. La lucha por la custodia compartida impuesta por defecto no es sino uno de los frentes de esta batalla.

EL MITO DE LAS DENUNCIAS FALSAS Y LA ESTRATEGIA DE LAS CONTRADENUNCIAS

Desde los primeros años de la década de los años 2000, con el debate y la tramitación de la Ley Orgánica contra la Violencia de Género (2004), el argumento de las denuncias falsas aparece como buque insignia de la reacción patriarcal. Asociaciones del ya citado movimiento de derechos de los hombres (SOS Papá, la Asociación de Hombres Maltratados, ANAVID, etcétera) hablan de «miles de denuncias falsas»; su mensaje es secundado por *influencers* como Roma Gallardo o Un Hombre Blanco Hetero y amplificado por plataformas de la derecha mediática como Libertad Digital.[178]

---

177 Melinda Cooper (2022): *Los valores de la familia. Entre el neoliberalismo y el nuevo socialconservadurismo,* Madrid: Traficantes de Sueños.

178 «La Asociación de Hombres Maltratados destapa las miles de denuncias falsas que esconden las sentencias de conformidad», titula una de las muchas noticias sobre el tema publicada en *Libertad Digital,* disponible en https://www.libertaddigital.com/espana/politica/2023-02-22/violencia-de-genero-asociacion-de-hombres-maltratados-miles-de-denuncias-falsas-sentencias-de-conformidad-6988617/. Podemos ver ejemplos de afirmaciones parecidas en las páginas de ANAVID (por ejemplo, https://anavid.es/instituciones-publicas-falsas-victimas-de-violencia-de-genero-y-hombres-inocentes/). En la página web de SOS Papá las noticias sobre los «miles de denuncias falsas» que «se cuelan cada día en los tribunales» se remontan a 2012; véase http://www.sospapa.es/ver_noticia.php?id=422

No importa que el último dato oficial, proporcionado por la fiscalía en su memoria de 2022, sitúe el promedio de denuncias falsas entre 2009 y 2021 en un 0,0084 % del total de denuncias presentadas por violencia machista: la idea de que las mujeres no denuncian por violencia real, sino por despecho o para conseguir ganancias secundarias se mantiene y se generaliza. Se proyecta así una sombra de sospecha sobre las mujeres denunciantes desde el momento en que pisan un juzgado y esto en ocasiones inhibe la activación de mecanismos de protección.

La inflación discursiva lleva al punto de vincular sin ninguna base empírica las denuncias supuestamente falsas con la tasa de suicidios de varones: los vistosos carteles especulan con cifras según las cuales habría más hombres que se suicidan por denuncias falsas y divorcios conflictivos que el total de suicidios de la población masculina en su conjunto.[179]

Al igual que sucede con la construcción del SAP, el trampantojo de la denuncia falsa extrae su poder de multiplicación de los antiguos estereotipos de la mujer mentirosa, vengativa y manipuladora, que, como hemos visto, mantienen su vigencia en nuestras sociedades. Sobre esta atmósfera ya sesgada, los escasísimos casos de denuncias falsas verificadas se amplifican y se combinan con las cifras de denuncias que se retiran o resultan en sobreseimientos o absoluciones. La verdad es que este segundo conjunto de cifras sí que resulta preocupante, aunque por motivos diametralmente opuestos a los que esgrime la derecha masculinista.

Tal y como sostienen diferentes juristas feministas, el alto número de denuncias que no concluyen en condena no nos habla de su falsedad, sino de la mala adecuación del instrumento penal para el abordaje de un fenómeno complejo como la violencia machista, a la par íntimo y estructural.[180] Por un lado, muchas mujeres retiran la denuncia porque no quieren que los imputados vayan a la cárcel, porque tienen sentimientos encontrados hacia ellos o tienen hijos en común; porque solo buscan que las dejen en paz o una protección que no llega; porque no quieren declarar ante un juzgado contra su agresor o, simplemente, porque el proceso

---

179 Ya en 2018, *maldita.es*, plataforma dedicada a desmontar bulos y combatir la desinformación, desmontó pieza a pieza esta descabellada afirmación. Véase «No hay datos para afirmar que 1.000 o más de 2.000 hombres se suicidan por denuncias falsas», en *maldita.es*, 31 de diciembre de 2018, disponible en https://maldita.es/malditobulo/no-no-hay-datos-para-afirmar-que-1-000-o-mas-de-2-000-hombres-se-suicidan-por-denuncias-falsas. En algunos tuits se habla de «casi cuatro mil» hombres al año, cuando la tasa más elevada de suicidios masculinos desde 1980 fue de 2.938 hombres en el año 2014, de acuerdo con los datos del Instituto Nacional de Estadística. Otro cartel en la misma línea sitúa la cifra de suicidios masculinos en 2010 a causa de «abusivos divorcios» en 8.935. Véase «No, no hay datos para afirmar que "1.000" o "más de 2.000" hombres se suicidan por denuncias falsas», en *Indymedia*, 17 de enero de 2019, disponible en http://barcelona.indymedia.org/newswire/display/524006

180 Véanse Elena Larrauri: «¿Por qué retiran las mujeres maltratadas las denuncias?», en *Revista de Derecho Penal y Criminología*, núm. 12, pp. 271-307; Miren Ortubay (2015): «Cuando la respuesta penal a la violencia sexista se vuelve contra las mujeres: las contradenuncias», en *Oñati Socio-Legal Series*, núm. 5 (2), pp. 645-668, disponible en http://ssrn.com/abstract=2612114, Encarna Bodelón (2013): *Violencia de género y las respuestas de los sistemas penales*, Barcelona: Didot.

penal se les hace un camino demasiado duro, donde con frecuencia viven una revictimización al tener que volver sobre experiencias traumáticas que desean dejar atrás.

Por otro lado, tal y como muestra Caterina Canyelles a partir de su trabajo etnográfico en juzgados de violencia de género, el machismo en la cultura jurídica juega un papel decisivo en el alto porcentaje de sobreseimientos y absoluciones.[181] Miren Ortubay, por su parte, explica que los automatismos procesales dificultan la adaptación de la ley a las circunstancias de cada caso e impiden que las demandas y las necesidades de las mujeres sean escuchadas:[182] así, por ejemplo, se imponen por defecto órdenes de alejamiento sin preguntar a la mujer afectada y luego, cuando la mujer infringe la orden, se considera que este acto desmiente sus acusaciones, ignorando los complejos motivos que pueden llevar a una mujer que sufre violencia a encontrarse con su agresor.

A ello se suma la dificultad de acreditar la violencia cuando no hay marcas físicas y las deficiencias en la investigación judicial en los casos de violencia económica, psicológica y sexual o de violencia física habitual sin lesiones visibles recientes.[183] De esta suerte, puede ser relativamente fácil conseguir una condena si tu marido te ha roto el tabique de la nariz de un puñetazo, mientras que, si llevas años soportando cotidianamente humillaciones, insultos y golpes leves, lo más probable es que el procedimiento acabe en absolución, a pesar de que esta forma de violencia habitual genera daños en quien la sufre que pueden ser más profundos y difíciles de sanar que una nariz rota.

A pesar de todo ello, obviando la amplia bibliografía sobre el tema, la derecha mediática y política, de la mano del asociacionismo «por los derechos de los hombres», se aferra al tropo de la «denuncia falsa» y construye a partir de él una nueva víctima: «el hombre maltratado». Esto forma parte de una estrategia más amplia de criminalización del feminismo y de las mujeres, dentro de lo que venimos llamando, junto a muchas pensadoras feministas, la reacción patriarcal.

Siempre se dijo que la mejor defensa es un buen ataque. Será por eso que en muchos despachos de abogados se recomienda a los hombres denunciados por violencia machista contraatacar con una contradenuncia, para que en el incendio de fuegos cruzados el andamiaje estructural de la violencia machista quede reducido a

---

181 Caterina Canyelles (2023): *Machismo y cultura jurídica. Una etnografía de los juzgados de violencia de género*, Barcelona: Virus.

182 M. Ortubay: «Cuando la respuesta penal a la violencia sexista se vuelve contra las mujeres: las contradenuncias», cit., pp. 650-651.

183 Ibídem, p. 651. El Tribunal Constitucional no acuñó el concepto de investigación suficiente y eficaz en violencia de género hasta 2020: «El TC exige que en la instrucción penal por violencia de género se realice una investigación suficiente y eficaz», en *Diario del Derecho*, 11 de agosto de 2020, disponible en https://www.iustel.com/diario_del_derecho/noticia.asp?ref_iustel=1201586

una escena de «relación conflictiva». «La violencia no tiene género» es ya un mantra repetido por muchos portavoces políticos, mientras la Asociación de Hombres Maltratados hace reportajes sobre una supuesta «violencia invisible» que afectaría masivamente a varones maltratados por sus parejas femeninas.

De acuerdo con el estudio sobre contradenuncias en el ámbito de la violencia machista realizado por Miren Ortubay,[184] tres son las puertas de entrada para esta criminalización de las mujeres que se produce en el marco de una ley inicialmente escrita para protegerlas: los procesamientos por denuncia falsa, los procesamientos por inducción al quebrantamiento de la orden de alejamiento (una orden que a veces la mujer no quería ni tampoco solicitó)[185] y una conceptualización penal de la violencia a la par amplia y ciega a todo contexto o determinante estructural. La consideración de que cualquier comportamiento agresivo puede ser merecedor de sanción penal perjudica a las mujeres en el sentido de que, dado el mandato femenino de abnegación y dulzura, el umbral de lo que se califica como agresivo en ellas está muy por debajo de lo que se estima agresivo en ellos. En contra de lo que el asociacionismo masculinista sostiene, juzgadas por el mismo hecho, las mujeres reciben condenas más duras.[186] Es absurdo negar que las mujeres también pueden ser violentas y abusadoras, pero si se quiere abordar de manera específica la violencia machista, por sus dimensiones estructurales y masivas, por los efectos duraderos de control y sometimiento que produce en quien la sufre, es importante conceptualizarla de manera más clara.

La criminóloga feminista Elena Larrauri propone aquí distinguir tres tipos de violencia que se pueden dar en contextos de convivencia: el terrorismo íntimo, la resistencia violenta y la violencia situacional. Mientras que la violencia situacional se ejerce de manera puntual, a partir del escalamiento de un conflicto, y no forma parte de un contexto general de poder, el terrorismo íntimo engloba el conjunto de actos violentos dirigidos a obtener el control de la pareja. Es intrínsecamente patriarcal, en tanto que ese control responde a las normas culturales dominantes que configuran lo que deben ser un hombre y una mujer y persigue que la pareja satisfaga las propias expectativas de lo que al agresor le corresponde en tanto que varón: menor dedicación a los cuidados y el hogar, mayor importancia de la carrera profesional, exclusividad y predisposición sexual de la pareja, ser jefe de la familia, tener descendencia, etcétera. Lo importante, pues, no es si quien ejerce la violencia tiene pene o vagina, sino justamente esta función dentro del entramado patriarcal,

---

184 M. Ortubay: «Cuando la respuesta penal a la violencia sexista se vuelve contra las mujeres: las contradenuncias», cit.

185 Ibídem, pp. 652-653.

186 Ibídem, pp. 655-666.

su misión de control y su producción de miedo y obediencia en quien la recibe. Dentro de este marco conceptual, la resistencia violenta, a su vez, es una violencia ejercida como respuesta al terrorismo íntimo.[187]

 Mientras que los datos empíricos corroboran la participación de las mujeres en la resistencia violenta y en la violencia situacional, en cambio, en el caso de lo que Larrauri llama terrorismo íntimo, está claro que se trata de un tipo de violencia perpetrada por hombres contra mujeres, y a veces también contra los hijos e hijas. La nomenclatura de Larrauri no nos convence plenamente, en particular por su uso de la palabra «terrorismo», pero su distinción entre hechos violentos que tienen una función patriarcal de control y dominio y otras formas de violencia (defensiva o situacional) nos parece crucial. Distinguir entre unas y otras violencias sería fundamental para apartarnos del biologicismo en el abordaje de la violencia machista y ofrecer una respuesta adecuada a este problema estructural. No obstante, ello exige una diligencia en la investigación que, por desgracia, no suele darse en los enjuiciamientos por maltrato.[188]

Desde luego, no es lo que nos encontramos en los juzgados de violencia sobre la mujer. Las condenas por violencia habitual solo se dan cuando se produce una agresión muy grave, que pone de manifiesto una larga historia oculta de violencia patriarcal desplegada entre la cocina, el móvil y la alcoba. En cambio, la violencia puntual leve, mucho más fácil de probar, mucho más repartida entre hombres y mujeres, es la más castigada. Y aquí es donde su vaga tipificación abre el terreno para las contradenuncias, esa puerta trasera que la reacción patriarcal ha encontrado en la legislación de violencia para impedir que el feminismo cambie las reglas del juego en las relaciones íntimas.

Hay que reconocer, además, que las limitaciones del derecho penal a la hora de abordar la violencia patriarcal íntima no son una cuestión circunstancial que pueda resolverse con un par de ajustes y correcciones, sino que están inscritas en su configuración misma.[189] Dado que la finalidad principal y casi única de esta rama del derecho es el castigo del individuo infractor, toda su acción se centra en identificar e individualizar la conducta prohibida y probar que se ha cometido. Cada episodio violento es sacado de su contexto, desconectado de la historia más amplia, lo cual lo aísla de su raíz estructural y lo convierte en un conflicto individual, puntual.

---

187 Elena Larrauri (2007): *Criminología crítica y violencia de género*, Madrid: Trotta, pp. 44-45.

188 M. Ortubay: «Cuando la respuesta penal a la violencia sexista se vuelve contra las mujeres: las contradenuncias», cit., p. 654.

189 Véase Miren Ortubay en su ponencia «Violencia machista. Reparación vs. castigo», en el marco del curso de Nociones Comunes: *Me cuidan mis amigas*, 17 de noviembre de 2021, audio disponible en https://soundcloud.com/traficantesdesue-os/1violencia-machista-reparacion-versus-castigo-con-miren-ortubay

Esta misma descontextualización lleva a interpretar como contradicción, incoherencia o falsedad los sentimientos ambivalentes de las víctimas, donde la rabia y el dolor se mezclan con la culpa, la vergüenza y el fracaso personal; donde los hechos denunciados no son más que la gota que colma el vaso dentro de un modo de relación marcada por el control, el acoso, la denigración; donde la denuncia, cuando se interpone por voluntad propia, no suele estar motivada por un deseo de castigo y venganza, sino por una búsqueda de protección o un deseo de poner punto final a una larga historia de violencia.

Sin embargo, la centralidad del castigo inscrita en el sistema penal desplaza por completo los intereses de las mujeres agredidas, su voz, sus prioridades y su capacidad de acción, cuando no se vuelve como un *boomerang* contra ellas si no interpretan adecuadamente el rol de buena víctima.

Hoy por hoy, las mujeres y las infancias no pueden prescindir del sistema penal: no existe la autoorganización de alternativas con la suficiente fuerza y solidez para proteger la vida y la integridad física y psíquica de tantas de ellas. Hay que reconocer que la tutela penal ha salvado a muchas mujeres e infancias y les ha permitido salir de situaciones de violencia. Pero no deja de ser un recurso extremadamente limitado y, en ocasiones, plagado de minas a punto de detonar. Urge, por ello, indagar en otros horizontes de justicia, en los resquicios del sistema penal o desde fuera, que pongan en el centro la voz, el protagonismo y las necesidades de las afectadas y traigan algo de verdad, justicia y reparación para todas ellas.

VIOLENCIA INSTITUCIONAL Y HORIZONTES DE LUCHA FEMINISTA

La violencia machista es sistemática: está incrustada en las relaciones sociales, forma parte de esa estructura de dominación que llamamos patriarcado, es uno de sus mecanismos, tal vez el más extremo, de disciplinamiento de las mujeres, las infancias y las disidencias sexuales. No es una anomalía, pues, que se pueda aislar, sino un mecanismo específico para la reproducción de relaciones de subordinación. Las instituciones del Estado no son ajenas a esta violencia machista: están permeadas hasta la médula por un orden patriarcal que depende de ella. Así pues, nos vemos ante la paradoja de que las mismas instituciones estatales que se presentan como garantes de una vida libre de violencia, como principal instancia de protección, reproducen al mismo tiempo un orden patriarcal que depende de esa violencia de la que dicen protegernos.

Ninguna de las madres, niñas, niños y niñes que hemos contribuido a este libro hemos encontrado en el Estado protección. Los testimonios de nuestras criaturas no han sido escuchados, sus madres hemos sido castigadas y criminalizadas, el esperado amparo ha mutado en arrancamientos y el daño recibido ha rayado la tortura.

A todo eso es a lo que denominamos violencia institucional. Frente a los espacios más visiblemente violentos del Estado (fronteras, cárceles, centros de menores…), la violencia institucional engloba un conjunto de acciones u omisiones mucho más sutiles e invisibilizadas que se materializan en el encuentro cotidiano con los servicios públicos de justicia, salud, educación, servicios sociales y Puntos de Encuentro. Es la palabra «instrumentalización» que se cuela en un informe psicosocial; es esa trabajadora social que le dice a una madre que, si no obliga a su hija a entrar en el Punto de Encuentro y ver a su padre, tendrá consecuencias; ese fiscal que insinúa al niño en su declaración que eso que apenas se atreve a balbucear no será para tanto; esa jueza que, apretada por los tiempos, echa mano de todos los estereotipos de género que nos atraviesan para concluir que lo más probable es que se trate de un conflicto de pareja en el que una mujer despechada andaba buscando hacer daño a su ex con sus denuncias; ese juez misógino que condena a cinco años por denuncia falsa a una mujer que ya no sabe cómo hacer para que alguien entienda que cuando su hija dice que su papá le bajaba las bragas es que lo hacía; una decisión judicial en la que se considera que el fallo de un proceso penal abierto por malos tratos de un padre a sus hijos es «tangencial» a la hora de decidir su custodia.

La violencia institucional se produce y reproduce a través de normativas, prácticas, criterios interpretativos y decisiones que conforman un patrón de vulneración de derechos humanos por parte de las administraciones públicas. Se mide, como nos recuerda la abogada Laia Serra, no por su finalidad, sino por sus efectos.[190] Para ejercerla no es necesario que el funcionariado o la propia administración actúe de forma intencional o deliberada. Tampoco es necesario que la violencia se imprima de manera directa, sino que tiene lugar en todas aquellas situaciones en las que se hacen evidente las fallas, las omisiones, respecto a las obligaciones adquiridas por el Estado de prevenir, proteger, investigar, sancionar, reparar y dar garantías de erradicación de las violencias.[191]

La pionera ley catalana de violencia 17/2020 recoge el concepto de violencia institucional, estableciendo que esta «puede provenir de un solo acto o práctica grave, de la reiteración de actos o prácticas de menor alcance que generan un efecto acumulado, de la omisión de actuar cuando se conozca la existencia de un peligro real o inminente, y de las prácticas u omisiones revictimizadoras. La violencia insti-

---

190 Laia Serra (15 de noviembre de 2022): «El reconocimiento de las violencias institucionales. Una nueva herramienta para exigir los derechos de las mujeres», en *Idees,* núm. 59, disponible en https:// revistaidees.cat/es/el-reconocimiento-de-las-violencias-institucionales-una-nueva-herramienta-para-exigir-los-derechos-de-las-mujeres/

191 Patricia González Prado: *La violencia institucional como ámbito de violencia contra las mujeres y personas LGTBIQ+,* comunicación presentada en el congreso internacional «Las mujeres y la (des) igualdad de oportunidades: análisis feminista del impacto de las injusticias estructurales y las tensiones coyunturales», realizado los días 13 y 14 de octubre de 2021 en la Universidad Carlos III de Madrid.

tucional incluye la producción legislativa y la interpretación y aplicación del derecho que tenga por objeto o provoque este mismo resultado».[192] Esta ley incluye explícitamente la utilización del síndrome de alienación parental como una forma de violencia institucional. Obliga asimismo a las Administraciones Públicas de Cataluña a reparar los actos de violencia institucional, lo cual comprende «la anulación del acto, siempre que sea posible y no revictimice a la mujer, y la revisión de la práctica que dio lugar a la violencia institucional».[193]

El concepto de «violencia institucional» deja atrás el paradigma de infractor individual y, sin dejar de interpelar a las profesionales para que revisen sus prácticas, pone el foco en las administraciones públicas, a las que señala como una esfera clave en la perpetuación de opresiones estructurales. Y es que, aunque el Estado se presente como neutro, no puede separarse del marco en el que surge y se perpetúa: un marco patriarcal, racista, clasista y capacitista. Así, afirmar que el Estado es irrevocable y constitutivamente patriarcal no significa señalar como machistas a todos y cada uno de sus actores. Significa comprender que la violencia que ejerce, tolera o reproduce no es arbitraria ni casual, sino que se alinea con las estructuras patriarcales que lo configuran. Y por eso, su violencia debe ser considerada una forma más de violencia machista.

La reivindicación del concepto de «violencia institucional» es cada vez más urgente como arma de lucha feminista. No solo porque visibiliza la responsabilidad del Estado en la reproducción de las violencias machistas, sino, también, porque nos impele a repensar el papel que otorgamos al Estado y a las instituciones de derecho en la lucha contra estas violencias. Allí donde opera todo un marco de opresión patriarcal, las leyes, por muy pioneras y transformadoras que sean, se encuentran con resistencias gigantescas en la práctica; los sistemas judiciales, por más que tengan encomendada la tarea de proteger a las víctimas, terminan en muchas ocasiones por incumplir su deber y multiplicar el daño, mientras que las innovaciones institucionales corren el riesgo de ver pervertido su sentido inicial para alinearse con la reacción patriarcal en curso. Todo mientras que la responsabilidad institucional se diluye en retóricas que buscan focalizar en excepciones particulares lo que constituye, en realidad, un patrón estructural de vulneración de derechos. Ello no significa renunciar a la acción institucional, sino asumirla en toda su contradicción y no olvidar que lo que los feminismos tienen que poner una y otra vez en el centro son las vidas de las mujeres, las infancias y las disidencias sexuales, sobre las que recae todo el peso de la violencia patriarcal.

---

192 Ley 17/2020, de 22 de diciembre, de modificación de la Ley 5/2008, del derecho de las mujeres a erradicar la violencia machista, disponible en https://noticias.juridicas.com/base_datos/CCAA/684428-l-17-2020-de-22-dic-ca-cataluna-de-modificacion-de-la-ley-5-2008-del-derecho.html

193 Ibídem.

VERDAD, JUSTICIA Y REPARACIÓN PARA LAS INFANCIAS VIOLENTADAS Y SUS MADRES PROTECTORAS

El único final posible que imaginamos para nuestra lucha es que nuestras hijas, hijos e hijes puedan volver a casa, al lado de sus figuras de protección, y logren con ello escapar de los contextos de violencia que el Estado les impone.

A ese mismo Estado no solo le exigimos la restitución inmediata de nuestras criaturas, sino también **verdad.** Verdad para que se publiquen estadísticas e informes que puedan dar cuenta del alcance de la violencia sexual paterna en nuestra sociedad, pero verdad también para poner cifras y nombre a la violencia institucional que supone la aplicación del SAP y todo su constructo: su prevalencia, los arrancamientos que genera, las consecuencias para la salud física y mental de madres e hijas, hijos e hijes. Verdad, por último, para reconocer jurídicamente la violencia institucional como una forma de violencia machista ejercida por el Estado y sus autoridades.

Le pedimos también **justicia y garantías de no repetición** que permitan la revisión de todos los casos de violencia machista en los que se ha aplicado el SAP, que garanticen una prohibición real del SAP (la actual ley solo habla de impedir su uso y no recoge medidas de rendición de cuentas ni de sanción para los poderes públicos que lo empleen), que posibiliten la creación de tribunales de infancia especializados (con operadores jurídicos formados en perspectiva de género, de infancia, de violencia sexual, de trauma y de derechos humanos), que lleven a cabo una revisión y reformulación de los dispositivos de atención a la infancia, que desarrollen procedimientos para la escucha de las niñas, niños y adolescentes de manera respetuosa con sus derechos y que garanticen su derecho a la protección por encima de todo.

Por último, a ese Estado que nos ha violentado le demandamos **reparación.** Que garantice el derecho a la rehabilitación integral de las supervivientes: el nuestro, pero especialmente el de aquellas que eran menores de edad al tiempo de producirse el daño derivado de la violencia institucional, incluyendo el acceso a tratamientos y la creación de los instrumentos necesarios para la rehabilitación de los puentes rotos entre madres y sus hijas e hijos por la aplicación del falso SAP o teorías análogas.

Entonces, y solo entonces, podremos leerles a nuestras criaturas estas páginas e intentar sanar con elles toda esta tortura.

Autoras
**Berta Sepur, Justa Teruel, Pamela Palenciano,
Iván Larreynaga, Débora Ávila, Marta Malo,
Antonio Escudero, Marta Pérez, Adela Franze,
María Carmen Peñaranda, Marta Cabezas, Marisa Kohan**

Ilustraciones
Rocío Macías

Edición y acompañamiento
La Laboratoria Sur de Europa

Corrección
Javier Olmos Sanz

Maquetación
Taller de Traficantes de Sueños

Mentorías y colaboraciones
Miren Ortubay, Patricia Reguero, Ana Varela, Justa Montero,
Marta Nebot, Mateo Álvaro, Isabel Cadenas, Lidia Larrarte
y otras personas que, debido a la violencia ya sufrida, han
preferido el anonimato

Impreso en Madrid, abril de 2024
ISBN: 978-84-19833-18-1
Depósito Legal: M-11116-2024

El proceso de investigación y escritura de este cuaderno
ha sido financiado por el Museo Reina Sofía.
Esta publicación refleja solo la opinión de las autoras.